Glaubhaftigkeit und Suggestibilität kindlicher Zeugenaussagen unter Einbeziehung entwicklungspsychologischer Aspekte

ISSN 1614-2527
ISBN 3-935979-97-5

Schriftenreihe der Thüringer
Fachhochschule für öffentliche Verwaltung,
Fachbereich Polizei

Herausgegeben von Thomas Ley

Band 5

Anke Regber:

Glaubhaftigkeit und Suggestibilität kindlicher Zeugenaussagen unter Einbeziehung entwicklungspsychologischer Aspekte

ISSN 1614-2527
ISBN 3-935979-97-5

Verlag für Polizeiwissenschaft
Dr. Clemens Lorei

Bibliografische Information Der Deutschen Bibliothek
Die Deutsche Bibliothek verzeichnet diese Publikation in der Deutschen Nationalbibliografie; detaillierte bibliografische Daten sind im Internet über http://dnb.ddb.de abrufbar.

Verlag für Polizeiwissenschaft, Dr. Clemens Lorei
Eschersheimer Landstraße 508 • 60433 Frankfurt
Telefon/Telefax 0 69/51 37 54 • verlag@polizeiwissenschaft.de
www.polizeiwissenschaft.de

Printed in Germany

Vorwort von

Thomas Kienast

Spätestens seit den Wormser Missbrauchsprozessen in den Neunziger Jahren weiß man um die Bedeutung kindlicher Zeugenaussagen. Damals hatten fehlerhafte Glaubhaftigkeitsgutachten dazu geführt, dass 24 mutmaßlich des sexuellen Missbrauchs von Kindern angeklagte Männer und Frauen letztendlich doch freigesprochen wurden. „Die familienübergreifenden Massenmissbrauchshandlungen fanden nicht statt“, hatte der Vorsitzende Richter im Urteil klargestellt und kam zum Ergebnis, dass die Kinder Opfer derer wurden, die es gut gemeint und schlecht gemacht haben. Gemeint sind Sachverständige, Kinderärzte, Psychologen, Staatsanwälte und Ermittlungsrichter, die mit Ihren Untersuchungen und Vernehmungen vermeintliche Straftaten entdeckten, die de facto nie geschehen waren. Ein Gutachten zeigte damals auf, dass die Aussagen der Kinder durch die vielen Befragungen unbewusst manipuliert worden waren.

Gerade bei Straftaten nach §§ 176, 176a, 176b StGB ist die Stimmung im Umfeld von Ermittlungen aufgeheizt und eine sachlich-nüchterne Aufklärung dieser Straftaten nicht immer einfach. Charakteristisch ist dabei die Intimität der Tatsituation: Kinder sind bei derartigen Straftaten die einzigen Zeugen. Allein von ihrer Aussage und der der Angeklagten hängt ein entsprechendes Urteil ab. „Von den ersten Vernehmungen hängt also geradezu die ganze Zukunft des Prozesses ab: In ihnen wird eigentlich fast immer der Sachverhalt endgültig geklärt oder endgültig verschleiert“. Diese Aussage von William Stern in seinem Werk „Jugendliche Zeugen in Sittlichkeitsprozessen, ihre Behandlung und psychologische Begutachtung“ (1926, S. 47) bringt zum Ausdruck, dass in frühen Phasen der Ermittlungsarbeit die Weichen für den Erfolg oder Misserfolg eines Verfahrens gestellt werden. Denn gerade hier – das haben die Erfahrungen der Wormser Missbrauchsprozesse gezeigt – ist die Gefahr der Beeinflussung der Kinder durch suggestives Befragen am größten.

Entscheidend bleibt die Frage, ob ein Kind nun die Wahrheit sagt oder nicht. Anke Regber gibt in ihrer Arbeit zahlreiche Hinweise zur Glaubhaftigkeitsbeurteilung von kindlichen Zeugenaussagen hinsichtlich entwicklungspsychologischer Aspekte. Auch die Ausführungen der Autorin zum Problem der Suggestibilität von Kindern machen die vorliegende Arbeit zu einem wertvollen Begleitbuch für die polizeiliche Praxis. Es eignet sich dabei trotz des expliziten Bezugs auf kindliche Zeugenaussagen desgleichen für Praktiker, die vornehmlich mit Vernehmungen von Erwachsenen zu tun haben.

Mit der Lektüre dieser Arbeit verbindet die Autorin die Hoffnung, dass die Integrierung entwicklungspsychologischer Aspekte in die polizeiliche Vernehmungslehre dazu führen könnte, dass der Beamte mehr Verständnis für die Eigenart des kindlichen Denkens, Handelns und Erlebens entwickelt. Letztendlich geht es darum, das vom Kind Erlebte möglichst wirklichkeitsgetreu zu erfassen. Denn der Fall Worms zeigt: selbst bei Freispruch sind die Angeklagten für den Rest ihres Lebens stigmatisiert. Und die Leidtragenden sind am Ende doch die Kinder.

Inhaltsverzeichnis

„Die Aussage eines Menschen über ein Erlebnis ist nicht eine einfache Reproduktion dieses Erlebnisses, sondern die eigenartige Reaktion einer bestimmten Persönlichkeit auf eine Reihe von Reizen, unter denen die damalige Wahrnehmung nur einer und nicht immer der wichtigste ist.“[1]

1. Einleitung

Alltag in der juristischen Praxis: Zeugen und Beschuldigte werden vor Gericht vernommen. Behauptungen werden aufgestellt und der Richter muss entscheiden, ob das, was er mitgeteilt bekommt, der Wahrheit entspricht oder nicht. Häufig ist die Beweislage eindeutig. Dies sind zumeist die Sachverhalte, in denen sich der Sach- und Personalbeweis gleicht und keine Zweifel bestehen. Doch gibt es Fälle, in denen Widersprüche in der Beweiserhebung auftreten oder das erkennende Gericht aus den unterschiedlichsten Gründen nicht auf einen Sachbeweis zurückgreifen kann. Hier ist der Richter in seiner Urteilsfindung allein auf den Personalbeweis angewiesen, d. h. auf die Aussagen der Beteiligten. Bei derartigen Konstellationen, insbesondere wenn dabei Kinder betroffen sind, kommt der im Vorausgang erfolgten polizeilichen Ermittlungsarbeit und gegebenenfalls der fachpsychologischen Beurteilung der Zeugenaussage besondere Bedeutung zu.

Der geschichtliche Überblick zur Problematik Zeugeneignung von Kindern soll zunächst auf das Thema einstimmen, aber auch erkennen lassen, welchen Wandlungen dieser Bereich im Laufe der Zeit unterworfen war.

Ziel der Arbeit ist es dann, durch die Analyse von theoretischen Grundlagen der Zeugeneignung von Kindern im Bezug auf die Glaubhaftigkeit ihrer Aussage und den Einfluss von Suggestionsfaktoren, Anregungen für die polizeiliche Vernehmungspraxis zu schaffen, um die Arbeit der Gerichte optimal zu unterstützen. Der Verfasserin ist es aus diesem Grund besonders wichtig, im Rahmen dieser Diplomarbeit die sehr umfassende Thematik derart zu beleuchten, dass vor allem dem in der Polizeiarbeit mit dieser Problematik konfrontierten Beamten bewusst wird, welche Aspekte

[1] Stern, Deutsche Juristen-Zeitung 1908, 52 (52).

der Entwicklungs- und Aussagepsychologie auch von einem Nichtfachmann auf diesem Gebiet durchaus Beachtung finden können und müssen. Im Bereich der Suggestibilität von Kindern, welcher explizit erörtert wird, steht die Frage im Mittelpunkt, welche unterschiedlichen Einflüsse vorhanden sind, die zu Veränderungen im Aussageverhalten eines Kindes führen können. Auch dieses Spektrum der Aussagebetrachtung wurde gewählt, um den polizeilichen Vernehmer auf die Möglichkeit derartiger Faktoren aufmerksam zu machen und Hinweise für deren Feststellung in der polizeilichen Praxis zu geben. Da das Thema Fremdsuggestion im Alltag die größte Relevanz hat, wird ausschließlich dieser Teil der Suggestionseinflüsse abgehandelt. Eingang haben dabei Aspekte gefunden, die für einen psychologisch weniger geschulten Vernehmer auf den ersten Blick nicht primär Suggestionseffekte darstellen, aber enorme Bedeutung für dessen Arbeit erlangen können. Bewusst wurde auf die Einbeziehung der Thematik der Suggestivfragen verzichtet, da sie für jeden Polizeivollzugsbeamten mehr oder weniger zum Standardwissen gehören sollte.

Weiterhin sollen Angaben zur Häufigkeit und zum Stellenwert der Gutachtertätigkeit aufgezeigt werden, um so zu verdeutlichen, in welchem Maße die Justiz von der Möglichkeit der Begutachtung Gebrauch macht und was dies im Ergebnis für die polizeiliche Tätigkeit bedeutet.

Nicht beabsichtigt und daher auch nicht Inhalt der Ausarbeitung ist es, detailliert die theoretischen Grundlagen und Voraussetzungen für die Erstellung eines Gutachtens zu analysieren bzw. Erhebungsverfahren zur Diagnose der Glaubhaftigkeit oder Suggestibilität in ihren Einzelheiten zu erläutern. Eine solche Untersuchung hätte den Rahmen der Arbeit überstiegen und liegt auch nicht in deren Sinn, da ein praktischer Bezug für Polizeivollzugsbeamte hergestellt werden soll. Derartige Analysewege weisen eine hohe Komplexität auf, so dass es nicht Aufgabe des diesbezüglich als Laien geltenden Beamten sein kann, anhand umfassender analytischer Testverfahren zu erkennen, ob eine Aussage in allen Einzelheiten glaubhaft ist oder nicht. Eingang in die Erörterungen hat jedoch die Darstellung von Möglichkeiten zur Erkennung unwahrer Aussagen bzw. suggestibler Einflüsse gefunden, um so Ansatzpunkte zu erkennen, die auch im Hinblick auf die polizeiliche Vernehmung Beachtung finden sollten. Es ist gerade bei einer Aussage eines Kindes bei der Polizei, welche oft die erste behördliche Befragung durchführt, von besonderer Bedeutung, bereits hier herauszuarbeiten, ob gegebenenfalls Lügen oder suggestive Einflüsse eine Rolle spielen.

Eine komplexe Bearbeitung des Themas macht es unabdingbar, die notwendigen Begriffsbestimmungen vorzunehmen und auftretende Diskussionen bezüglich spezieller Definitionskriterien vorzunehmen.
Für die Erstellung der Diplomarbeit wurden zahlreiche literarische Werke der Psychologie genutzt, die von den Anfängen der Aussagepsychologie bis in die heutige Zeit reichen, um so einen umfassenden Eindruck über den Stand der Diskussionen zu erlangen. Außerdem haben juristische Bücher und Quellen der Rechtsprechung Anwendung gefunden, um die Thematik auch von dieser Seite zu beleuchten und Vergleiche anzustellen.

2. Geschichtliche Aspekte

2.1 Zeugeneignung von Kindern im Wandel der Zeit

Der Umgang mit einem kindlichen Zeugen wurde bereits vor Jahrhunderten direkt oder indirekt geregelt. Unmündige, d. h. Zeugen bis zum vollendeten 14. Lebensjahr, durften im Altertum keinen vollgültigen Eid schwören und waren damit faktisch zeugnisunfähig. Diese Regelung entsprach auch im Wesentlichen dem kirchlichen Recht (Corpus juris Canonici). In den Digesten Justinians galten Kinder unter 7 Jahren als unzurechnungsfähig.[2] Die für die diversen deutschen Stämme geltenden Gesetze, welche bis zu Beginn des Mittelalters Gültigkeit hatten, sprachen nur „Jünglingen" Zeugnisfähigkeit zu. Dagegen galten im Schwäbischen Landrecht Kinder unter 14 Jahren generell als nicht zeugenfähig. Nach dem Gemeinen Strafrecht, welches in Teilen Deutschlands bis 1870 Geltung hatte und sich nach der Peinlichen Gerichtsordnung Karls V. aus dem Jahre 1532 bestimmte, fand sich zunächst keine Zeugenregelung. Später wurde jedoch ein Artikel integriert, der vorschrieb, dass ein Zeuge männlich und mindestens 20 Jahre alt sein sollte.[3] Ausläufer dieser Regelung zeigten sich bis in die Mitte des 20. Jahrhunderts in der deutschen Rechtssprechung, indem es immer wieder zur Hervorhebung der größeren Unzuverlässigkeit von weiblichen kindlichen Zeugen kam.[4]

Auf dem Gebiet der Kriminalwissenschaften herrschte gleichfalls Skepsis gegenüber kindlichen Zeugen. So bezeichnete der bayerische Kriminalwissenschaftler Mittermaier 1834 in seinem Buch „Die Lehre vom Beweise im Deutschen Strafprozeß" Kinder als „beweisuntüchtige Zeugen".[5] Henke sprach sich 1838 in seinem „Handbuch des Criminalrechts und der Criminalpolitik" in Anlehnung an das Gemeine Recht für eine untere Altersgrenze bei Zeugen von fünfzehn Jahren aus, obwohl er in deren Wahrnehmungen einen „gewissen informativen Wert"[6] sah. Nur vereinzelt, so wie Groß, ein österreichischer Kriminalwissenschaftler, erkannte man in den Aussagen kindlicher Zeugen eine bestimmte Aussagekraft. Groß warnte gleichzeitig vor einer Art „Freibrief" für Straftäter, wenn das Wort des Kindes kein Gehör findet. Zu Beginn des 20. Jahrhunderts fanden sich ebenso zweifelnde Stimmen. So meinten Schneickert (1904, 1905/06) und

---

[2] vgl. Geisler 1959, S.9. vgl. Undeutsch 1967, S.26f.
[3] vgl. Undeutsch 1967, S.26f. vgl. Geisler 1959, S.10. vgl. Liebel/v.Uslar 1975, S.70.
[4] vgl. Geisler 1959, S.10.
[5] Undeutsch 1967, S.27. vgl. Geisler 1959, S.10.
[6] Undeutsch 1967, S.28.

Alsberg (1931) übereinstimmend, dass Kinder als Zeugen nicht tauglich sind.[7]

Der Großteil der experimentellen Aussageforschung erfolgte in den ersten 30 Jahren des 20. Jahrhunderts. Die Resultate ließen, was die Zeugeneignung von Kindern anging, eine durchaus pessimistische Haltung aufkommen. Folgerichtig fasste Stern dies so zusammen: „Die fehlerlose Erinnerung ist nicht die Regel, sondern die Ausnahme".[8] Somit wurde die negative Grundeinstellung gegenüber Zeugenaussagen, vor allem was den Bereich der Sittlichkeitsprozesse mit kindlichen Zeugen anging, untermauert. Nur einige wenige Sachverständige (z. B. Moll 1908, 1927; Nau 1930;) hielten an ihrer bejahenden Haltung gegenüber Zeugen im Kindesalter fest.[9]

Durch stärkeren Kontakt der Gutachter mit den kindlichen Zeugen, änderte sich deren Einstellung zur Glaubhaftigkeit von Aussagen Minderjähriger im positiven Sinn.[10] Auch Stern revidierte in späteren Werken seine ehemals abschlägige Einstellung[11] gegenüber kindlichen Zeugen und kritisierte sogar Forderungen, die Kindern unter sieben Jahren die Zeugenfähigkeit absprechen wollten, da er darin, wie Groß, die Gefahr sah, einen Anreiz für Täter zu bieten, weil sich die potentiellen Opfer nicht äußern dürften. Er sprach sich bei Kindern unterhalb dieser Altersgrenze für eine professionell durchgeführte informatorische Vorbefragung im Vorverfahren aus.[12]

Auch von juristischer Seite konnte man nach und nach einen Wandel bemerken, denn Richter stellten nunmehr ebenfalls fest, dass eine allzu ablehnende Haltung gegenüber Kindern als Zeugen unangebracht war und deren Aussagen als ebenso glaubhaft anzusehen waren, wie die Erwachsener.[13] In einer Entscheidung des Reichsgerichtes vom 14.11.1911 wurde bereits erklärt, dass niemand aufgrund seines Alters als zeugenunfähig betrachtet werden darf.[14]

---

[7] vgl. Schneickert & Alsberg, zit. nach Undeutsch 1967, S.28.
[8] Stern, zit. nach Undeutsch 1967, S.30.
[9] vgl. Undeutsch 1967, S.48. vgl. Geisler 1959, S.11.
[10] vgl. Undeutsch 1967, S.45.
[11] vgl. Stern, Deutsche Juristen-Zeitung 1908, 52 (52ff.).
[12] vgl. Stern 1952, S.223.
[13] vgl. Undeutsch 1967, S.46f. vgl. BGHSt 1955, 7, 82 (83).
[14] vgl. Undeutsch 1967, S.27.

2.2 Geschichte der gerichtlichen Sachverständigentätigkeit

Aufgrund der negativen Grundhaltung gegenüber kindlichen Zeugen, die sich im Laufe der Jahrhunderte herausgebildet und verfestigt hatte, bestand der Bedarf nach einer Möglichkeit der Überprüfung der Zeugenaussage auf ihre Glaubhaftigkeit, dies im besonderen in den Fällen, in denen Kinder als Opfer von Straftaten vermutet wurden. So entwickelte sich zu Beginn des 20. Jahrhunderts die Begutachtung von Zeugen durch einen Sachverständigen als Beweismittel.[15]

Erstmals erschien 1903 ein Psychologe als Gutachter vor Gericht.[16] Die psychologische Sachverständigentätigkeit nahm aber zunächst kein allzu großes Ausmaß an. Erst nach Beendigung des Ersten Weltkrieges intensivierten sich die Bemühungen auf diesem Gebiet, nicht zuletzt aufgrund erster gesetzlicher Bestimmungen, die die gutachterliche Tätigkeit regelten (z. B. Hamburger Verfügung vom 3.III.1925).[17]

Seit etwa 1930 bis zum Ende des Zweiten Weltkrieges ging die Gutachtertätigkeit wieder zurück. Dies war eine Auswirkung des nachlassenden Interesses aufgrund zunehmender Kritik an der Methodik der Begutachtung (sie erfolgte ausschließlich auf Basis des Aktenstudiums ohne eingehende Untersuchung des Zeugen) und der Notverordnungen, welche eine Reduzierung psychologischer Sachverständigentätigkeit bei Gericht vorsahen.[18] Anfang der 50er Jahre des 20. Jahrhunderts begannen sich Gutachter auf diesem Gebiet abermals zunehmend zu etablieren. Grund dafür war vor allem eine Änderung in der Begutachtungsform, die jetzt die direkte Untersuchung des Zeugen umfasste.[19] Vor allem in Fällen des Verdachts des sexuellen Missbrauchs von Kindern stieg die Zahl der Begutachtungen. Genaue Angaben über den Umfang der Begutachtungstätigkeit der Sachverständigen in diesem Bereich in der Bundesrepublik existieren jedoch nicht.[20]

Die Gutachter mussten sich dabei immer noch starker Kritik unterwerfen und lange Zeit um ihre Anerkennung kämpfen. Zweifel kamen vor allem aus den Reihen der Juristen. Die Gründe dafür waren mannigfaltig. Unter anderem erfolgte mit der Einführung des § 244 Abs. 4 in die StPO durch das VereinhG vom 12.09.1950 die gesetzliche Anerkennung eines Grund-

---

[15] vgl. Undeutsch 1967, S.31.
[16] vgl. Dettenborn 1988, S.132. vgl. Undeutsch 1967, S.31.
[17] vgl. Undeutsch 1967, S.32.
[18] vgl. Kühne 1990, S.48. vgl. Undeutsch 1967, S.42.
[19] vgl. Undeutsch 1967, S.44f.
[20] vgl. Busse/Volbert 1997, S.131.

satzes, der in der Rechtsprechung schon längst praktiziert wurde.[21] Danach galt die Hinzuziehung eines Sachverständigen als nicht notwendig, wenn das Gericht selbst die erforderliche Sachkunde besitzt. Der BGH beschäftigte sich in zahlreichen Urteilen mit der Auslegung dieses Paragraphen. So bestätigte er in seiner Entscheidung vom 24.06.1952, dass, wenn die Lebenserfahrung und die Menschenkenntnis des Richters die Wahrheit finden könne, die Beteiligung eines Sachverständigen nicht von Nöten sei. Eine Relativierung dieser Aussage erfolgte für Verfahren wegen Sittlichkeitsverbrechen, wenn es um die Beurteilung der Glaubhaftigkeit von kindlichen Zeugen geht. Für den Fall, dass bestimmte Tatsachen gegen die Glaubhaftigkeit der Aussage eines Kindes sprechen und diese vorgetragenen Fakten im Rahmen der Hauptverhandlung nicht ausreichend gewürdigt werden können, darf die Hinzuziehung eines Sachverständigen nicht abgelehnt werden. Diese Entscheidung ist vom Einzelfall abhängig.[22]

Der BGH hat jedoch ebenso verdeutlicht, dass das erkennende Gericht

> „sich der Gefahr [...] bewusst bleiben muss und prüfen (muss), ob die Sachkunde des Gerichts, die nicht notwendig bei allen Richtern in demselben Maß vorhanden zu sein braucht, ausreicht, Fehler und Irrtümer in den Kinderaussagen rechtzeitig zu erkennen und auszuschalten. Der Tatrichter muss in solchen Fällen beachten, dass er sich auf besonders schwierigem Gebiet bewegt."[23]

1952 begründete Kohlhaas, Oberstaatsanwalt beim BGH, die zögernde Hinzuziehung von Sachverständigen in derartigen Fällen mit dem Hinweis darauf, dass die Kinderpsychologie für Laien, zu denen er auch Richter und Staatsanwälte zählte, eine Wissenschaft mit relativ junger Vergangenheit ist und dort die Skepsis ihren Ursprung hat.[24]

Außerdem galt die Beurteilung der Glaubhaftigkeit von Zeugen von jeher als ureigenste Aufgabe und Wesen richterlicher Rechtsfindung. Diese Auffassung fand sich in diversen Gerichtsentscheidungen und der Literatur wieder.[25]
So geht zwar auch die Rechtsprechung und Literatur späterer Jahre von dem Grundsatz der Entbehrlichkeit eines Sachverständigen bei der Beur-

---

[21] vgl. NJW 1952, 899 (899).
[22] vgl. NJW 1952, 899 (899).
[23] BGHSt 1952, 163 (165).
[24] vgl. Kohlhaas, Praxis d. Kinderpsychologie und Kinderpsychiatrie 1952, 83 (83).
[25] vgl. BGH NStZ 1981, 400 (400). vgl. Knögel, DRiZ 1953, 142 (142). vgl. Janetzke, NJW 1958, 534 (534). vgl. Schlothauer 1997, S.143.

teilung der Glaubhaftigkeit von kindlichen Zeugenaussagen im Normalfall aus. [26]

> „Ein Sachverständiger ist dagegen zu hören, wenn wegen besonderer Umstände ein über die forensische Erfahrung hinausreichendes Fachwissen erforderlich sein kann, so etwa, wenn [...] vor allem bei jüngeren Kindern Kommunikationsschwierigkeiten und Missverständnisse zu befürchten sind oder wegen eines lange zurückliegenden Ereignisses die Erinnerungsfähigkeit zweifelhaft sein kann, aber auch weil reifungsbedingte Phantasien und Übertreibungen oder Gespräche mit Altersgenossen zu einem falschen Erinnerungsbild über geschlechtliche Erlebnisse geführt habe können oder weil ungeschickte Befragung durch Erwachsene das Zeugnis beeinflusst haben kann oder behauptet wird, daß das Kind aus krankhafter Sucht zu lügen die Wahrheit nicht sagen könne; [...]“.[27]

Trotz immer wieder vereinzelt aufkommender Kritik[28] hat sich die Einbeziehung von Sachverständigen im Bereich der Begutachtung kindlicher Zeugen unter diesen bestimmten Voraussetzungen durchgesetzt.

So findet sich heute u. a. in der Richtlinie für das Strafverfahren und das Bußgeldverfahren (RiStBV) der Hinweis darauf, dass bei Zweifeln an der Glaubhaftigkeit der Aussage von Kindern und Jugendlichen ein Sachverständiger hinzuzuziehen ist.[29] Insbesondere bei der Vernehmung von Kindern gilt die Empfehlung der Beteiligung eines Sachverständigen häufig bereits für die erste Vernehmung.[30]

---

[26] vgl. Tröndle JZ 1969, 374 (374). vgl. NStZ 1981, 400 (400). vgl. Schröter, JR 1994, 379 (380). vgl. Beck´sche Kurz-Kommentare 2005, S.878, Rn.74.
[27] Löwe-Rosenberg 2001, S.131f., Rn.86.
[28] vgl. Krauß, ZStW 1973, 321(327).
[29] vgl. RiStBV 1977, Nr.19 (5).
[30] vgl. RiStBV 1977, Nr.222 (1).

3. Die psychologische Begutachtung

3.1 Der psychologische Sachverstand als Beweismittel (Möglichkeiten und Grenzen)

Wie bereits unter Punkt 2.2 (S.12ff.) dargelegt, benötigen die Gerichte bei der Beurteilung einer Zeugenaussage nur ausnahmsweise sachverständige Unterstützung. Derartige Hilfe wird in Fällen in Anspruch genommen, in denen der Sachverhalt solche Besonderheiten aufweist, dass Zweifel daran aufkommen können, ob die Sachkunde des Gerichts auch zur Beurteilung im Hinblick auf diese Eigenheit ausreicht. So ist dies z. B. bei Tatschilderungen kindlicher Zeugen anzunehmen, vor allem, wenn es um schwierige sexualbezogene Umstände geht.

Der Gutachter nimmt dabei im Auftrag des Gerichts oder der Staatsanwaltschaft eine „Gehilfenfunktion" wahr. Diese unterscheidet sich im Umfang und im Ziel von seiner sonstigen Tätigkeit. Seine Aufgabe ist die Untersuchung des Zeugen, nicht dessen Behandlung. Dabei erfolgt die Untersuchung unter einer vom Auftraggeber formulierten Fragestellung.[31] Als Gehilfe des Gerichts ist es die Obliegenheit des Gutachters die fehlende Sachkunde des Richters in einem konkreten Fall durch Mitteilung von Erfahrungssätzen seines Faches, Tatsachenfeststellung und Beurteilung von Tatsachen zu ergänzen. Genau auf diese Fakten hat sich seine Tätigkeit zu beschränken.[32] Eine ermittelnde Aufgabe hat der Gutachter nicht. Er hat sich der Würdigung und Bewertung des gesamten Beweisergebnisses eines Verfahrens zu enthalten.[33] Für den Sachverständigen besteht jedoch die Möglichkeit von mehreren, alternativ bestehenden Eventualitäten auszugehen und diese auch getrennt zu behandeln. Letztendlich obliegt es dem Gericht, welche Variante dem Urteil zu Grunde gelegt wird. In Fällen, in denen Verfahrensbeteiligte versuchen, Aussagen des Sachverständigen zu erlangen, die dessen Kompetenz überschreiten, kann der Gutachter nur Verantwortung hinsichtlich seines Sachverstandes übernehmen. Aufgabe des Sachverständigen ist es demnach auch, den Beteiligten die Grenzen seiner Erkenntnismöglichkeiten darzulegen.[34]

---

[31] vgl. Remschmidt 1997, S.20.

[32] vgl. NJW 1952, S.899. vgl. Lempp/Schütze/Köhnken 2003, S.6. vgl. Volbert/Steller 2004, S.721.

[33] vgl. Volbert/Steller 2004, S.721.

[34] vgl. Lempp/Schütze/Köhnken 2003, S.10. vgl. Offe/Offe 1994, S.213.

Außerdem darf und kann es nicht die Aufgabe des Sachverständigen sein, das Kind und die Angehörigen zu einer Aussage zu bewegen.[35]

In Fällen, in denen die Beurteilung der Zeugenaussage den entscheidenden Aspekt für oder gegen eine Verurteilung des Angeklagten bildet, gerät der Sachverständige nicht selten in einen Interessensstreit der Parteien. Dies stellt hohe Anforderungen an seine Unparteilichkeit. So formulierte Lempp 1983 folgerichtig:

> „Es kann nicht Aufgabe des Sachverständigen sein, um jeden Preis Beweise für die Glaubwürdigkeit des kindlichen oder jugendlichen Zeugen zur Überführung des Beschuldigten zu erbringen, sondern er muß vor allem die Hilfe des Gerichts sein, zu verhindern, daß das Gericht sich auf eine mögliche Falschaussage stützt."[36]

Wahrheitsfindung ist demnach die Sache der Gerichte. Dahingegen ist es die Angelegenheit des psychologischen Sachverständigen, motivationale Aspekte, Fragen der Fremd- und Eigensuggestion etc. zu erkennen.[37]

Die psychologische Beurteilung stellt immer einen fallspezifischen subjektiven Bewertungsprozess des Gutachters dar, d. h. es besteht somit auch die Möglichkeit, dass Fehler auftreten. Trotz größter Sorgfalt und fundierter Begründung steht am Ende eines Gutachtens nicht immer ein eindeutiges Ergebnis. „Das Glaubwürdigkeitsgutachten ist *ein* Erkenntnismittel im gerichtlichen Verfahren, das andere Erkenntnismittel nicht ersetzen, sondern ergänzen sollte."[38]

3.2 Anlass und Häufigkeit der Begutachtung von Kindern

Gründe für eine Begutachtung von Kindern können verschiedene Ursachen haben. Diese Vielfalt resultiert u. a. aus der Reihe von Vorschriften, aus den unterschiedlichen Altersstufen der betreffenden Personen und den diversen Sachlagen. Dabei werden Probleme des Zivilrechts (z. B. entschädigungspflichtige Ereignisse, Begutachtungen im Familien- und Vormundschaftsrecht), des Öffentlichen Rechts oder des Strafrechts (z. B. Begutachtungen zur Verantwortlichkeit gemäß § 3 JGG) angesprochen.[39]

---

[35] vgl. Schlothauer 1997, S.145.
[36] Schlothauer 1997, S.149.
[37] vgl. Fegert 1997, S.73.
[38] Offe/Offe 1994, S.213.
[39] vgl. Remschmidt 1997, S.20ff.

Am häufigsten kommt es zur Beauftragung eines Sachverständigen für die Beurteilung der Zeugenaussagen von Kindern in Fällen des Verdachts des sexuellen Missbrauchs.[40] Anhand durchgeführter Untersuchungen lässt sich schlussfolgern, dass es dabei vor allem Sachverhalte sind, in denen eine schwere Deliktsausführung zur Anklage gebracht wird und Straftaten, in denen der Vater oder Ersatzvater beschuldigt ist.[41]

In den seltensten Fällen erfolgt eine explizite Begründung für den Gutachtenauftrag. Normalfall ist innerhalb des Gutachtenauftrags die lapidare Frage an den Sachverständigen, ob ein Zeuge glaubwürdig bzw. seine Aussage glaubhaft ist, meist ohne weitere Vorgaben.[42]

Aussagefähige Statistiken, die Angaben zu Begutachtungsquoten von Zeugenaussagen von Kindern machen, liegen nicht vor.

Arntzen (1993) gibt z. B. an, dass 1980 in den meisten Bundesländern von zwei Dritteln der Strafkammern der Landgerichte regelmäßig und in großer Zahl Glaubwürdigkeitsgutachten bestellt wurden. Konkrete Zahlen können allerdings auch hier nicht nachgewiesen werden.[43]

Fischer, vorsitzender Richter am Landgericht Leipzig, erklärt, dass bei der Aburteilung von Sexualdelikten mit kindlichen Zeugen Beweisanträge für Glaubwürdigkeitsgutachten obligatorisch sind.[44]

Dagegen ergibt eine Untersuchung von Volbert & Busse aus dem Jahr 1995, in das 1109 Akten der Staatsanwaltschaft Berlin einbezogen wurden, denen Fälle des Verdachts des sexuellen Missbrauchs von Kindern zu Grunde lagen, ein völlig anderes Bild. Hier lagen lediglich 34 Glaubwürdigkeitsgutachten vor. Bezogen auf die Geschädigtenzahl in den Fällen, die zur Hauptverhandlung gelangten (n = 353), beträgt der prozentuale Anteil der Begutachtungen 9 % (31 Begutachtungen). Tendenziell werden dabei bei Verfahren vor dem Amtsgericht weniger Glaubwürdigkeitsgutachten erstellt als bei Verfahren vor dem Landgericht. Verteilt sich die Anzahl der Hauptverhandlungen in der vorliegenden Untersuchung zu je 50 % auf die Amts- bzw. Landgerichte, so wurden beim Amtsgericht lediglich 15 von 223 Geschädigten (7 %) begutachtet, bei den Landgerichten waren es 16

[40] vgl. Schlothauer 1997, S.143. vgl. Littmann/Szewczyk, Forensia 1983, 55 (56).
[41] vgl. Busse/Volbert 1997, S.141.
[42] vgl. Schlothauer 1997, S.145.
[43] vgl. Busse/Volbert 1997, S.141.
[44] vgl. Fischer, Neue Zeitschrift für Strafrecht 1994, 1 (2).

Gutachten bei 130 Geschädigten, die in Auftrag gegeben wurden. Dies entspricht einer Quote von 12 %.[45]

Diese Aussagen und Analysen geben Anhaltspunkte für den Stellenwert und die Häufigkeit von Begutachtungen, sie bieten jedoch keinen Aufschluss über die Gesamtsituation im Bundesgebiet, zumal sie zu sehr divergierenden Ergebnissen kommen.

Dementsprechend wird von Müller-Luckmann folgerichtig festgestellt, dass die Hinzuziehung psychologischer Sachverständiger örtlich sehr verschieden ausgeprägt ist. Sie stellt bezogen auf ihre 15jährige Praxis als Gutachterin in Jugendschutzsachen fest, dass mancherorts das Tätigkeitsfeld der Psychologen enorm gewachsen ist, hier und da aber nur stockend zunahm. Die Gründe dafür können nur erahnt werden. Zum einen kann es an Mängeln in der Ausführung der psychologischen Gutachtertätigkeit liegen, die vor allem zu Beginn der Arbeiten auf diesem Gebiet auftraten. Das entstandene Bild prägt so unter Umständen noch heute manche Ansicht eines Richters. Zum anderen spielt die subjektive Einstellung der Richter eine Rolle, die oftmals dazu führt, dass diese sich selbst als kompetent genug für eine Beurteilung kindlicher Zeugen halten.[46]

3.3 Der Stellenwert der Begutachtung

Zu dieser Thematik sind bisher wenige Aussagen vorhanden. Prahm analysierte 1972 Glaubwürdigkeitsgutachten von 294 minderjährigen Zeugen (Zeitraum 1948-1969) an der Kinderpsychiatrischen Universitätsklinik Marburg und angeschlossenen Erziehungsberatungsstellen. Im Ergebnis zeigte sich eine geringe Übereinstimmung zwischen Gutachterergebnis und Richterurteil. Nur bei 105 von 206, also ca. 50 %, der als glaubhaft eingestuften Zeugenaussagen erfolgte eine Verurteilung des Angeklagten. Dagegen war die Übereinstimmung in den Fällen, in denen keine Verurteilung erfolgte und die kindlichen Aussagen als nicht glaubhaft eingestuft wurden, bedeutsam höher (67 von 78). Insgesamt ergab dies, bezogen auf die Zeugen, eine Übereinstimmungsquote von 65,5 % zwischen Gutachtern und Richtern.[47]

In der vorab (vgl. S.19) bereits geschilderten Analyse von Volbert & Busse aus dem Jahr 1995 wurden auch bezüglich des Ausgangs der Strafverfahren und der Übereinstimmung mit dem Gutachtenergebnis Untersuchungen

---

[45] vgl. Busse/Volbert 1997, S.132f.
[46] vgl. Müller-Luckmann 1962 [1995], S.130.
[47] vgl. Busse/Volbert 1997, S.132.

angestellt. Beispielhaft angeführt waren hier 24 Gutachten mit positiver Glaubhaftigkeitsbegutachtung durch die Gutachter. Bei diesen erfolgten 22 Verurteilungen, zwei Fälle wurden unter Auflagen bzw. laufenden Maßregeln eingestellt. In zwei Fällen mit negativer Glaubhaftigkeitsbegutachtung kam es zur Einstellung beider Verfahren. Es ist in Auswertung dieser Analyse festzustellen, dass nur in sehr wenigen Fällen Abweichungen zwischen dem Gutachterergebnis und dem Gerichtsurteil auftraten. Dabei wird ein direkter Vergleich der Übereinstimmung als schwierig eingeschätzt, da der Einfluss anderer Beweismittel und Umstände (z. B. Geständnis oder Zeugnisverweigerung der Belastungszeugin im Hauptverfahren) bei der gerichtlichen Urteilsfindung hinzutritt.[48] Diese Untersuchung zeigt jedoch eine deutlich höhere Übereinstimmung zwischen Gutachten und dem Verfahrensausgang als die durchgeführte Analyse von Prahm aus dem Jahr 1972. Bezieht man die Tatsache in die Überlegungen ein, dass nur etwa 60 % der Gutachten in der Urteilsbegründung Erwähnung finden, bedarf das Maß der Einflussnahme eines Gutachtens noch weiterer Prüfung, um aussagekräftige Ergebnisse zu erlangen.[49]

Eines machen diese Resultate aber deutlich. Es wird nicht in allen Verfahren mit Beteiligung kindlicher Zeugen ein Gutachten zu deren Aussagen in Auftrag gegeben. Und genau in diesen Fällen muss die polizeiliche Ermittlungsarbeit die Grundlage der richterlichen Beweisführung bilden.

3.4 Ein Überblick zu den aussagepsychologischen Konstrukten

Soll eine Begutachtung erfolgen, stehen diverse aussagepsychologische Konstrukte zur Auswahl, die einer solchen Analyse unterworfen werden können. Es bedarf daher zunächst der Klärung, ob die Person oder die Aussage an sich im Mittelpunkt des Interesses steht. Danach werden Person und Aussage getrennt voneinander nochmals unter verschiedenen Blickwinkeln betrachtet. Zum einen stehen die kognitiven Leistungsvoraussetzungen der Person im Vordergrund, zum anderen die Frage der Motivation. Daraus ergeben sich vier unterschiedliche Konstrukte, die aussagepsychologisch gesondert bezeichnet und erklärt werden (vgl. Tab.1, Zeile 1 und 2, S. 20).

Nach Endres stellt die suggestive Beeinflussung eine „eigenständige dritte Fehlerquelle dar, die zu einer realitätsabweichenden Aussage führen kann".[50] Im Bereich der Suggestivbeeinflussung spielt neben kognitiven

---

[48] vgl. Busse/Volbert 1997, S.139f.
[49] vgl. Busse/Volbert 1997, S.142.
[50] Endres/Scholz/Summa 1997, S194.

Funktionen der zu beeinflussenden Person auch die Motivation eine wichtige Rolle. So gibt es z. B. bestimmte suggestive Techniken und Kommunikationsmuster, die durchaus auf die Motivation des zu beeinflussenden Kindes Auswirkung haben (vgl. Pkt. 6.4.3, S. 57ff.). Die Folge der suggestiven Einflussnahme ist die Beeinflussung der vormals wahrheitsgemäßen Aussage derart, dass diese nunmehr suggestive Elemente enthält.

Tabelle 1. Schema der aussagepsychologischen Konstrukte[51]

	Person	Situation	Folge
kognitiv	Zeugentüchtigkeit	Aussagegenauigkeit	Irrtum
motivational	Allgemeine Glaubwürdigkeit	Glaubhaftigkeit (Spezielle Glaubwürdigkeit)	Lüge
sozial (kognitiv und motivational)	Suggestibilität (des Befragten)	Suggestivität (der Befragung)	Beeinflussung

Diese Übersicht verdeutlicht, dass es nicht korrekt ist, kurzerhand von einer Glaubwürdigkeits- oder Glaubhaftigkeitsbegutachtung zu sprechen, sondern dass die Analyse einer Aussage weit mehr Möglichkeiten bietet. Bestes Beispiel dafür ist das Phänomen der Suggestibilität.

[51] Endres/Scholz/Summa 1997, S.194.

4. Zeugeneignung von Kindern aus entwicklungspsychologischer Sicht

Zeugen gelten seit den Anfängen des Strafprozesses moderner Prägung als „ein unverzichtbares und leidenschaftlich umstrittenes Beweismittel.“[52] Gültigkeit hat diese Problematik auch heute noch in vielen Strafverfahren. Eine besondere Bedeutung wird ihnen jedoch, wie eingangs erwähnt, in den Fällen zugesprochen, in denen es gerade auf ihre Aussage ankommt, da andere Beweise nicht zur Verfügung stehen oder widersprüchliche Angaben erfolgen. Die Qualität eines Zeugen wurde und wird von jeher auch an dessen Alter bestimmt.

Nochmals betont sei, dass besonders Kinder und Jugendliche lange Zeit gänzlich unbrauchbare Zeugen darstellten (Binet 1900, 1905; Münsterberg 1908; Stern 1902, 1903-1906),[53] bis sich Mitte des 20. Jahrhunderts die Erkenntnis durchsetzte, dass auch sie taugliche Beweismittel sind.[54]

4.1 Aussage- bzw. Zeugentüchtigkeit

4.1.1 Begriffsbestimmung

Neben der Bezeichnung der Zeugentüchtigkeit wird auch der Begriff der Aussagetüchtigkeit oder Aussagefähigkeit verwendet.[55] Zunehmend durchgesetzt hat sich der Ausdruck Aussagetüchtigkeit, der nachfolgend weiter Verwendung findet.

Im Mittelpunkt der psychologischen Betrachtungsweise hinsichtlich der Aussagetüchtigkeit eines Zeugen steht die Frage, inwieweit dieser überhaupt über die notwendigen kognitiven Leistungsvoraussetzungen verfügt. Gemeint sind hier vor allem Wahrnehmungs-, Erinnerungs- und Ausdrucksvermögen, welche für die Erstattung einer gerichtsverwertbaren Aussage als unabdingbare Voraussetzung angesehen werden.[56]

---

[52] Niebergall/Sporer/Warnke 1997, S.181.
[53] vgl. Niebergall/Sporer/Warnke 1997, S.181.
[54] vgl. Kohlhaas, NJW 1951, 903 (903). vgl. Fegert 1997, S.73. vgl. Köhnken 2003b, S.381.
[55] vgl. Undeutsch 1967, S.48. vgl. Liebel/v.Uslar 1975, S.80.
[56] vgl. Greuel 2003, S.84. vgl. Schumacher, DRiZ 1960, 286 (287). vgl. Kühne 1988, S.115.

Undeutsch definierte den Begriff der Aussagetüchtigkeit wie folgt:

> „Aussagetüchtigkeit ist dann gegeben, wenn der Aussagende die von ihm bekundete Tatsache unter hinreichend günstigen Umständen wahrnehmen konnte, sich seiner früheren Wahrnehmung in zutreffender Weise und ausreichendem Ausmaß zu erinnern vermag und in der Lage ist, das in seiner Erinnerung Vorgefundene genügend deutlich wiederzugeben."[57]

Die im Einzelnen betrachteten Gesichtspunkte der Beurteilung betreffen somit Faktoren, die Auskunft darüber geben sollen, ob die Person einen Sachverhalt zuverlässig wahrgenommen hat bzw. hat wahrnehmen können und ob sie diesen zwischen Tatgeschehen und der Befragung im Gedächtnis behalten hat. Außerdem werden das Sprachverständnis und die sprachliche Ausdrucksfähigkeit geprüft.[58] Ein weiterer wichtiger Ansatzpunkt für die Überprüfung der Aussagetüchtigkeit ist die Feststellung, ob ein ausreichendes Maß an Kontrollmöglichkeiten gegenüber Suggestionen vorhanden ist und ob der Zeuge fähig ist, Erlebtes von Phantasien zu unterscheiden.[59]

Eine klare Grenze muss zum Konstrukt der Glaubhaftigkeit gezogen werden, bei welchem nicht die kognitiven, sondern die motivationalen Faktoren im Vordergrund stehen.[60] Die Abgrenzung zum Begriff der Glaubhaftigkeit erklärt Kühne präzise und zusammenfassend wie folgt: „Die Untersuchung der Aussagetüchtigkeit soll analysieren, ob unwillkürliche Aussagefehler vorliegen, demgegenüber fragt die Untersuchung der Glaubhaftigkeit nach absichtlichen Täuschungen."[61]

4.1.2 Regelungen zur Aussagetüchtigkeit in Abhängigkeit vom Alter des Kindes

Im täglichen Sprachgebrauch ist der Begriff des Kindes nicht klar umrissen. So bezieht sich für Eltern dieser Ausdruck auch noch auf ihren Nachwuchs, wenn der schon längst seine eigenen Wege geht und dessen Alter jenseits der gesetzlich festgelegten Grenze liegt.

---

[57] Undeutsch 1967, S.56.
[58] vgl. Balloff 2002, S.164f. vgl. Schumacher, DRiZ 1960, 286 (287).
[59] vgl. Balloff 2002, S. 164f. vgl. Wegener 1981, S.47.
[60] vgl. Wegener 1981, S.47.
[61] Kühne 1988, S.115.

Festzustellen bleibt, dass es keine allgemein gültige Definition des Kindesbegriffes an sich gibt. Generell wird als Kind bezeichnet, wer noch nicht 14 Jahre alt ist. Diese Altersgrenze findet sich im Rechtsbereich in diversen gesetzlichen Regelungen wieder, so z. B. in § 19 StGB, § 2 JGG, § 1 JuSchG.

Fraglich ist nunmehr, inwieweit Kinder im Alter zwischen 0 und 13 Jahren im Bezug auf ihre Zeugentätigkeit als aussagetüchtig angesehen werden.

Die psychologische Forschung hat sich mit der Problematik einer unteren Altersgrenze bei der Aussagetüchtigkeit kindlicher Zeugen beschäftigt. Hier definiert sich allgemein anerkannt die Grenze bei etwa vier bis fünf Jahren.[62] So stellt Balloff übereinstimmend fest, dass es in der Praxis besonders häufig Kinder unter vier Jahren sind, „bei denen aus entwicklungspsychologischer Sicht noch keine hinreichende Aussagetüchtigkeit identifizierbar ist."[63]

Ein im Besonderen zu beachtendes Kriterium für den Ausschluss von Kindern unterhalb der unteren angenommenen Altersgrenze sind Defizite in den Erinnerungsleistungen, die auf entwicklungspsychologischen Aspekten beruhen. Einen bedeutenden Beitrag auf diesem Gebiet stellt das Werk „Psychologie der frühen Kindheit" von Stern dar. Er verweist darauf, dass ein Kind erst im Laufe des zweiten Lebensjahres beginnt, so etwas wie Erinnerungsvorstellungen zu entwickeln, die aber in der Regel nicht über eine 24-Stunden-Periode hinausreichen und oft mit täglich wiederkehrenden Abläufen verbunden sind. Einmalige Geschehnisse mit intensivem Eindruckserleben für das Kind werden zum Teil einige Tage behalten. Erinnerungswiedergaben, die nach größeren Zeiträumen erfolgen, bilden die äußerste Ausnahme und sind auch noch im dritten Lebensjahr selten. Erst ab dem vierten Lebensjahr ist ein erheblicher Leistungsanstieg in Umfang und Häufigkeit der Erinnerungsleistungen zu verzeichnen.[64]

Aus juristischer Sicht erscheint lediglich im § 52 Abs. 2 StPO im Rahmen der Erörterung des Zeugnisverweigerungsrechtes ein Hinweis auf die Verstandesreife Minderjähriger. Dieser enthält jedoch nur eine Regelung zur Erfassung der Tragweite des Zeugnisverweigerungsrechtes und nicht die Regelung seiner Zeugenfähigkeit an sich. Eine spezielle Vorschrift, die Auskunft darüber gibt, wann der Gesetzgeber einem Kind die Aussage-

---

[62] vgl. Michaelis 1970/1, S.39. vgl. Schnitker 1993, S.99.
[63] Balloff 2002, S.165.
[64] vgl. Stern 1952, S.204ff.

tüchtigkeit zuspricht, kennt die StPO nicht.[65] „Aus dem Fehlen besonderer Vorschriften in der StPO und der Formulierung des § 60 Nr. 1 StPO wird mit Recht die Folgerung gezogen, dass weder geistige und körperliche Gebrechen noch das Alter des Zeugen seine Zeugnisfähigkeit schlechthin beseitigen.“ [66]

Anhaltspunkte, die diese juristische Sicht belegen, ergeben sich aus Befragungen von Richtern. Zwei Drittel aller Richter gehen aufgrund ihrer beruflichen Erfahrung grundsätzlich von einer unteren Altersgrenze aus, die bei einem Alter von vier bis sechs Jahren angenommen wird.[67] Diese untere Grenze findet sich auch in der Rechtssprechung wieder. Danach sind Zeugen, die jünger als viereinhalb Jahre sind, kaum als aussagetüchtig zu betrachten. Fehlt in diesen Fällen ein Gutachten, so gilt der Beweiswert der Aussage als gering.[68]

Statistische Erhebungen des Bochumer Institutes für Gerichtspsychologie aus den Jahren 1967-1973 bzw. 1990-1995 ergaben für die Zuverlässigkeit von Aussagen von Kleinkindern folgendes Bild:

Tab. 2. Anteil der Kleinkinder, die brauchbare und zuverlässige Aussagen machten [69]

Altersgruppe	Zeitraum 1967-1973	Zeitraum 1990-1995
Vierjährige	34,9% (N=83)	35,2% (N=105)
Fünfjährige	44,4% (N=133)	40,0% (N=135)
Sechsjährige	50,4% (N=256)	46,0% (N=222)

Der Vergleich der beiden Erfassungszeiträume zeigt eine relative Konstanz im Aussageverhalten dieser Altersgruppe, auch wenn (hier nicht sichtbar)

[65] vgl. Kohlhaas, Praxis d. Kinderpsychologie 1952, 83 (86). vgl. Niebergall / Sporer / Warnke 1997, S.173. vgl. Undeutsch 1967, S.54.
[66] Janetzke, Neue Juristische Wochenschrift 1958, 534 (534).
[67] vgl. Lempp/v.Braunbehrens/Eichner u.a. 1987, S.13. vgl. Volbert/Erdmann, MschrKrim 1996, 238 (247).
[68] vgl. Strafverteidiger 1995, 293 (293).
[69] Michaelis-Arntzen 1997, S.206.

in den Jahren 1967-1973 in der Gruppe der Fünfjährigen größere Schwankungen auftraten. Im Zeitraum von 1974-1989 stieg nach Angaben von Michaelis-Arntzen die Zuverlässigkeitsrate der Kleinkinderaussagen sogar um ein paar Prozent.[70]

Zusammenfassend kann festgestellt werden, dass die Altersgrenze sowohl aus Sicht der Rechtssprechung als auch unter psychologischem Gesichtspunkt bei etwa vier bis fünf Jahren liegt. Dabei ist immer vom Normalfall auszugehen, d. h. dass der kindliche Zeuge keine psychischen Auffälligkeiten aufweist, die Einfluss auf seine Zeugeneigenschaft haben.

4.2 Kinder verschiedener Alterstufen als Zeugen

In die anschließende Betrachtung wurden Kinder zwischen vier und dreizehn Jahren einbezogen. Dies steht zum einen den unmittelbar vorausgehenden Ausführungen zur unteren Altersgrenze unter Punkt 4.1.2 (S. 22ff) gleich. Zum anderen wird der gesetzlichen Vorgabe über die obere Altersgrenzen entsprochen, da diese den juristischen Status einer Person als kindlicher Zeuge bestimmt.

Innerhalb der alterspezifischen Grenzen stehen typische Begabungs- und Charaktereigenschaften der jeweiligen Altersgruppe im Vordergrund der Überlegungen. Typisch in diesem Sinn meint hier die Eigenarten, die in der Häufigkeit ihres Auftretens in der jeweiligen Altersgruppe erheblich höher sind als bei anderen.[71] Die Einteilungen der verschiedenen Altersgruppen sind je nach Quelle nicht in vollem Maß identisch. Die Abweichungen sind allerdings geringfügig, so dass die Unterschiede für die Betrachtungen keine Rolle spielen. Ferner ist davon auszugehen, dass eine starre Zuordnung der Kinder in das jeweilige Schema der Altersgruppe ohnehin nicht in vollem Umfang erfolgen kann. Man muss beachten, dass erstens das biologische und das verstandesmäßige Lebensalter nicht immer mit dem reellen übereinstimmen und dass damit zweitens gerade in den unmittelbaren Grenzbereichen Abweichungen auftreten können.[72]

---

[70] vgl. Michaelis-Arntzen 1997, S.206.
[71] vgl. Michaelis 1970/1, S.39f.
[72] vgl. Bender/Röder 1981, S.163.

4.2.1 Vier- bis sechsjährige Zeugen

Am Umfang der nachfolgenden Ausführungen wird bereits deutlich, dass es sich bei Kindern dieser Altersstufe um Zeugen handelt, bei denen zahlreiche Besonderheiten zu beachten sind.

Der Gruppe der Kleinkinder wird bei normalem geistigem Entwicklungsstand Zeugeneignung zugesprochen, wenn sie, wie unter Punkt 4.1.2 (S. 22) erwähnt vier bis fünf Jahre alt sind.

Drei- bis vierjährige Zeugen fallen unter die Rubrik Stützzeugen. D. h. sie werden lediglich in den Fällen zeugenschaftlich angehört, in denen die Hauptaussage von einem älteren Zeugen gemacht wird und sie somit nur aussagen sollen, um dessen Angaben zu unterlegen. Als Hauptzeugen kommen Kinder in diesem Alter ausschließlich in Betracht, wenn günstige Faktoren unterstützend hinzutreten. Dies wäre z. B. der Fall bei komplexen Sachverhalten, denen eine Vernehmung innerhalb der ersten drei Wochen nach dem Tatgeschehen folgt oder überdurchschnittlicher Reife einzelner für die Aussageerstattung besonders wichtiger geistiger Funktionen, sowie bei guter äußerer Stützung. Eingrenzend sei hinzugefügt, dass trotz derartiger Umstände ein Auftreten von Dreijährigen als Hauptbelastungszeugen vor Gericht kaum gegeben ist. Gemeint sind bei dieser an der unteren Altersgrenze ansetzenden Beurteilung vor allem die Gruppe der Vier- bis Viereinhalbjährigen. [73]

Wiederholt sei angemerkt, dass in dieser Phase die kindliche Entwicklung von zahlreichen Charakteristiken geprägt ist, die die „Sonderstellung“ dieser Altersgruppe als Zeugen ausmachen.

Positiver Aspekt ist die Unmittelbarkeit, Vorbehaltlosigkeit und Geradlinigkeit, die in diesem Alter natürlich gegeben ist. Diese Eigenschaften stellen eine Art Ersatz zur üblicherweise noch fehlenden oder erst schwach ausgeprägten Gewissensbildung dar. Eine bewusste Steuerung von Mimik, Feinmotorik und Sprechweise existiert noch nicht.[74]

Planung und Überlegungen zu nicht anschaulich Gegenwärtigem sind ihnen fremd. Sollten sich bei Kindern dieses Alters Zeichen von Täuschungsverhalten oder Lügen zeigen, so sind jene leichter durchschaubar als bei älteren Kindern.[75] Erst mit etwa vier Jahren beginnen Kinder über-

[73] vgl. Schnitker 1993, S.99. vgl. Michaelis 1970/1, S.39.
[74] vgl. Schnitker 1993, S.99. vgl. Michaelis 1970/1, S.40f.
[75] vgl. Schnitker 1993, S.99. vgl. Michaelis 1970/1, S.40.

haupt das Verständnis dafür zu erlangen, dass sie andere mit falschen Angaben täuschen können.[76]

Auch der Hang zum Phantasieren, der Kleinkindern durchaus zugeschrieben wird,[77] ist bei weitem nicht so ausgeprägt, wie man vermuten könnte. Nur etwa 10-15 % der Kinder in diesem Alter zeigen Aktivitäten, die in diese Richtung tendieren.[78] Auch Undeutsch relativiert diese kleinkindliche Eigenschaft in ihrem Aufkommen und merkt zu diesem Punkt zudem an, dass beim Auftreten derartiger Erscheinungen, dies durch Erwachsene einfach zu erkennen ist.[79]

Zieht man den intellektuellen Aspekt in Erwägung, so wird klar, dass sich in Ermangelung „an geistigem Überblick und an der Fähigkeit zu sachlich und logisch stimmiger Konstruktion sowie aufgrund der Unfähigkeit zu mehrgliedrigem Denken die Erfindung eines differenzierten, logisch und sachlich einwandfreien Berichtes ausschließt".[80]

Die Beobachtungs- und Schilderungsfähigkeit ist in einem solchen Maß ausgebildet, dass ein konkretes, tatsächliches Erlebnis, welches das Kind beeindruckt hat, bei einer anschließenden Darstellung, in seinem Gesamtablauf dergestalt wiedergegeben wird, dass eine ziemlich genaue Vorstellung entsteht, gelegentlich auch über Feindetails. Defizite weisen die Bereiche der präzisen zeitlichen und räumlichen Zuordnung (z. B. Häufigkeit, Reihenfolge, Zeitdauer) verschiedener Begebenheiten auf. Gleiches gilt für die Aussage zu emotionalen und motivationalen Seiten, wo häufig Mängel zu erkennen sind.[81]

In Ermangelung eines ausreichenden Wortschatzes und durch unter Umständen auftretende Probleme bei der Wiedergabe komplexer Sachverhalte gelingt es dieser Altersgruppe häufig nur bei simpel gelagerten Sachverhalten, differenzierte Aussagen zu treffen.[82] Altersbedingte kommunikative Schwierigkeiten im verbalen Sektor können jedoch zu großen Teilen mit Hilfe erklärender Demonstrationsbewegungen hinreichend ausgeglichen werden.[83]

---

[76] vgl. Volbert/Steller 1998, S.239.
[77] vgl. Bender/Röder 1981, S.163. vgl. Undeutsch 1967, S.69.
[78] vgl. Schnitker 1993, S.99f. vgl. Michaelis 1970/1, S.42.
[79] vgl. Undeutsch 1967 S.69.
[80] Michaelis 1970/1, S.41.
[81] vgl. Schnitker 1993, S.100. vgl. Michaelis 1970/1, S.42
[82] vgl. Undeutsch 1967, S.70. vgl. Köhnken 2003b, S.383.
[83] vgl. Schnitker 1993, S.100. vgl. Michaelis 1970/1, S.40.

Da Kleinkinder noch nicht über das Verständnis für das sexuelle Verhalten von Erwachsenen verfügen, ergeben sich besonders bei derartigen Vorkommnissen spezifische Unterschiede zu älteren Kindern. So können in diesem Alter sexuelle Handlungen nicht ausgedacht werden bzw. nicht in der richtigen Weise zueinander in Beziehung gesetzt werden.[84] Kinder in diesem Alter zeigen sich sexuell nicht besonders interessiert. Durch die fehlende Einsicht in die Bedeutung sexueller Vorgänge ist eine größere Zwanglosigkeit bei der Wiedergabe eines derartigen Erlebnisses gegeben. Hierdurch wird das Geschehen durch das Kleinkind oft nur mit Verwunderung aufgenommen und vor allem durch die Kleinsten (die Vierjährigen) als Selbstverständlichkeit angesehen. Im Ergebnis dieses Wahrnehmungserlebens erfolgt die Schilderung oft dementsprechend sachlich, ohne Vorurteile oder den Hang zu Übertreibung oder Dramatisierung. Die Schuldfrage spielt in dieser Altersgruppe kaum oder nur eine untergeordnete Rolle.[85]

Charakteristisch für das Kleinkindalter ist eine spezielle Erlebnis-, Reaktions- und Ausdrucksform, die in jeder Darstellung zu finden ist, die auf einem realen Erlebnis begründet ist. Einerseits wird das unverstandene Geschehen durch das Kind rein phänomengemäß dargestellt, z. B. durch Anführung von Gegenständen der kindlichen Erfahrungswelt (Bsp.: Vergleich des Schambereichs eines Mannes mit einer Rolle). Andererseits erfolgt in diesem Alter bei erlebnisbegründeten Sachverhalten die Darstellung eher, indem das Erlebte durch Handeln wiedergegeben wird. Ursachen dafür sind die begrenzte sprachliche Ausdrucksfähigkeit und „die ganzheitliche Erlebens- und Nacherlebensweise der Kleinkinder“.[86]

Ein weiteres Problem, welches bei Zeugen in diesem Alter auftreten kann, ist ein Mangel bezüglich der Ernstnahme der Realität. Dieses Defizit existiert bis in das sechste oder siebte Lebensjahr hinein. Dann gilt es bereits als Ausnahmeerscheinung und eine realistische Grundhaltung setzt ein.[87]

Ein gelegentlich auftretendes Phänomen, welches auch nur in dieser Altersgruppe zu finden ist, ist die Steigerung der Aussagetüchtigkeit eines Kleinkindes im Laufe eines mehrmonatigen Verfahrens aufgrund der zunehmenden Entwicklung seiner verbalen kommunikativen Fähigkeiten und

---

[84] vgl. Schnitker 1993, S.100.
[85] vgl. Michaelis 1970/1, S.44. vgl. Undeutsch 1967, S.71.
[86] Michaelis 1970/1, S.44f.
[87] vgl. Schnitker 1993, S.100. vgl. Michaelis 1970/1, S. 46f.

des sprachlichen Verständnisses. Günstig in diesem Zusammenhang wirken sich auch die Verstärkung des Aussageernstes und der Sachlichkeit aus.[88] Die ungenügende Steuerungsfähigkeit bei Kleinkindern, macht eine planvolle Unterhaltung aufgrund deren Unstetigkeit und der Willkür im Aufgreifen oder Übergehen von Fragen schwierig.[89]

Als problematisch erweist sich auch das bei Kleinkindern noch häufig auftretende und im Voraus nicht absehbare Nachlassen der Erinnerung. Das wiederum hat zur Folge, dass die entstandenen Erinnerungslücken gegebenenfalls beliebig ausgefüllt werden. Es besteht dabei ein Zusammenhang zwischen dem geistigen Reifegrad der kindlichen Zeugen und der Unberechenbarkeit der Gedächtnisleistungen. So kann bei Vierjährigen bereits nach vier Wochen ein beachtlicher Verlust des Erinnerungsvermögens auftreten. Dagegen erstreckt sich bei Fünfjährigen diese Grenze bereits auf drei bis sechs Monate und länger.[90]

Stern dagegen äußert sich zu den Erinnerungsleistungen der Kleinkinder, abgesehen von dem Phänomen des Auftretens von Erinnerungslücken, positiver. So merkt er an, dass bereits ab dem vierten Lebensjahr detaillierte, im Zusammenhang stehende Äußerungen möglich sind, vor allem im Bereich der Wiedergabe örtlicher Situationen. Gleiches gilt für die temporale Erinnerungsfähigkeit. Erinnerungen zu einmaligen Geschehnissen, die mehrere Monate oder bis zu einem Jahr zurückliegen sind möglich. Dieses Vermögen steigert sich im Laufe des fünften Lebensjahres nochmals erheblich. Der Anstieg in den Gedächtnisleistungen des Kindes bezieht sich vor allem auf Sachverhalte, in die das Kind emotional stark eingebunden ist.[91]
Neuere Studien unterstreichen diese Annahme. Drei- bis Vierjährige können danach mit wenig Hilfe bereits relativ zusammenhängend Aussagen über zurückliegende Sachverhalte geben, Vier- bis Fünfjährige berichten bereits über Geschehnisse, die ein bis zwei Jahre zurückliegen.[92]
Auch Erinnerungsverschiebungen, d. h. die ungewollte Verknüpfung von tatfremden Geschehen mit dem tatsächlichen Sachverhalt, treten verhältnismäßig leicht auf. Neben der Kombination mehrere gleichartiger Vorgänge entsteht möglicherweise auch eine falsche räumliche Zuordnung einzelner Vorkommnisse.[93]

[88] vgl. Schnitker 1993, S.101. vgl. Michaelis 1970/1, S.46.
[89] vgl. Michaelis 1970/1, S.49.
[90] vgl. Schnitker 1993, S.101. vgl. Michaelis 1970/1, S.47f. vgl. Köhnken 2003b, S.383.
[91] vgl. Stern 1952, S.208ff.
[92] vgl. Volbert/Steller 1998, S.238.
[93] vgl. Schnitker 1993, S.101. vgl. Michaelis 1970/1, S.47f. vgl. Köhnken 2003b, S.383.

Abschließend kann festgestellt werden, dass Kleinkinder in ihrer Aussagetüchtigkeit durchaus als Zeugen geeignet sind, wenn man sich der speziellen altersbedingten Besonderheiten bewusst ist und diese bei der Befragung des kindlichen Zeugen beachtet. Erkennt der Vernehmer die Mängel rechtzeitig, kann das Kind durchaus derart unterstützt werden, dass eine brauchbare Aussage entsteht. Es handelt sich gerade im kommunikativen Bereich um Unzulänglichkeiten der Kinder, die durch vernehmerische Stärken ausgeglichen werden können. Außerdem sind Spontaneität und Geradlinigkeit Faktoren, die genutzt werden müssen. Auch wenn sprachliche Defizite zu überwinden sind, enthält die kindliche Aussage daher kaum Wertungen und ist objektiv. Mögliche Gründe für das Erlebte oder die Folgen des eigenen Handelns spielen keine Rolle.

4.2.2 Sieben- bis zehnjährige Zeugen

Bei der Gruppe der Grundschulkinder lässt sich bereits eine Differenzierung in der Beobachtungsgabe und dem -umfang erkennen.[94] Durch die Darstellung von Sachverhalten in größeren Komplexen und Verknüpfungen ist ihre Aussage informativer als die der Kleinkinder. Kinder dieser Altersgruppe nehmen neben den Abläufen, die sie selbst anbelangen auch schon Geschehnisse wahr, die sie nur am Rande oder gar nicht betreffen. Die bei Kleinkindern fast ausschließlich fehlende Selbstkritik prägt sich bei Kindern im Grundschulalter im verstärkten Umfang aus, so dass die Beurteilung der eigenen Erinnerungsfähigkeit zunimmt und damit auch die Aussagezuverlässigkeit an Qualität gewinnt. Auch in diesem Alter zeigen Kinder durchaus bis ins zehnte Lebensjahr die bei Kleinkindern als stark positiv bewertete Unmittelbarkeit des Verhaltens.[95]

Die Ergänzung der verbal gegebenenfalls noch ungenügenden Aussage wird auch bei Grundschulkindern durch spontane, elementare Reaktionen unterstützt. Trotz des Anstiegs der sprachlichen Ausdrucksfähigkeit kommt es noch nicht zu einer selbständigen, durchgehenden und verständlichen Schilderung des Sachverhalts. Dies kann jedoch durch Unterstützung altersgerechter Fragen erreicht werden.

Aufgrund enormer Besserungen in der Gedächtnisleistung werden die Inhaltsangaben umfangreicher und eindeutiger. Etwa mit Beginn des neunten Lebensjahres sinkt die Zahl der unkalkulierbaren großen Erinnerungsaus-

---

[94] vgl. Bender/Röder 1981, S.164. vgl. Michaelis 1970/1, S.50. vgl. Undeutsch 1967, S.71.

[95] vgl. Michaelis 1970/1, S.51.

fälle stark und eine Beständigkeit der Gedächtnisleistung ist zu verzeichnen.[96]

Die fortgeschrittene soziale Integration eines Grundschulkindes bringt große Vorteile mit sich, da vor allem durch die schulische Erfahrung ein organisierter Gesprächsablauf möglich ist.[97]

Geprägt ist diese kindliche Phase durch eine realistische Gesamteinstellung.[98]

Negativ wirkt sich die Tatsache aus, dass die Kinder in diesem Alter bereits Kenntnisse aus den verschiedensten Quellen über diverse Gesetzwidrigkeiten und Handlungsweisen besitzen und diese möglicherweise in ihre Schilderungen eingehen. Da das Wissen über sexuelle Angelegenheiten im Normalfall in diesem Alter gering ausgeprägt ist, zeigen die Grundschulkinder hier eine weitgehende Objektivität. Die Ausprägung einer Gewissenshaltung erreicht in dieser Altersgruppe noch keine Vollkommenheit. Durch dieses Defizit ist die Einflussnahme durch äußeren Druck noch vergleichsweise hoch.[99]

Täuschungsverhalten, verbunden mit emotionaler Resistenz in gezielten Gesprächen sind teilweise derart ausgeprägt, dass Geschehnisse recht beharrlich verschwiegen werden können. Anders verhält es sich bei aktiven Falschaussagen. Diese sind noch sehr selten und leicht durchschaubar.[100]

Grenzen findet die Aussagtüchtigkeit beim Auftreten einer größeren Zahl von Einzelerlebnissen, z. B. bei länger andauernden sexuellen Kontakten oder bei der temporalen und lokalen Zuordnung von Ereignissen. Hier kommt es zu Fusionen und Umschichtungen bzw. zu lückenhaften Aussagen. Die gesteigerte Aufmerksamkeit und Beobachtungsgabe der Grundschulkinder birgt die Gefahr in sich, dass eine individuelle Urteilsbildung durch das Kind erfolgt, obwohl noch kein hinreichendes Erfahrungswissen vorhanden ist. Dies bezieht sich aber in der Regel nur auf Randvorgänge, da die in diesem Alter noch vorherrschende verhältnismäßige Unvoreingenommenheit vor allem im Bezug auf sexuelle Handlungen einen Schutz gegen derartige Fehlinterpretationen bietet.[101]

---

[96] vgl. Michaelis 1970/1, S.52.
[97] vgl. Michaelis 1970/1, S.52.
[98] vgl. Undeutsch 1967, S.71.
[99] vgl. Michaelis 1970/1, S.53.
[100] vgl. Michaelis 1970/1, S.53. vgl. Schnitker 1993, S.100. vgl. Wegener 1981, S.51.
[101] vgl. Michaelis 1970/1, S.54.

Insgesamt betrachtet stellen kindliche Zeugen in diesem Alter durch ihre gut entwickelte Aussagtüchtigkeit, den Realitätssinn, ihre Offenheit und relative Unvoreingenommenheit ausgezeichnete Zeugen dar. Unter Ausnutzung aller positiven Gesichtspunkte und dem Wissen um die Defizite sollte es dem Vernehmer gelingen, Aussagen von hohem informativem Wert zu erlangen. Gerade die Kombination aus noch vorhandener Spontaneität und Unmittelbarkeit mit gestiegenem Ausdrucksvermögen und der Steigerung der Gedächtnisleistung macht diese Altersgruppe zu guten Zeugen.

4.2.3 Elf- bis dreizehnjährige Zeugen (Vorpubertät)

Kennzeichnend für diese Altersgruppe ist der enorme Facettenreichtum in ihrem Aussageverhalten. Mit Beginn des Eintritts in die Phase der Vorpubertät geht eine geschlechtsspezifische Betrachtung der entwicklungspsychologischen Zeugeneigenschaften einher. Bei den männlichen Zeugen dieser Altersgruppe zeigen sich wenige Veränderungen zu den Betrachtungen des vorangegangenen Entwicklungsabschnittes, welche dessen Zeugeneigenschaft betreffen. Dagegen sind dementsprechende Abweichungen bei den Mädchen beträchtlich. Aus diesem Grund gelten die nachfolgenden Darstellungen vornehmlich für die Zeugin dieser Altersgruppe.

Die Steuerungsfähigkeit der Aussage erhöht sich in diesem Alter durch die wachsenden intellektuellen und seelischen Voraussetzungen. Dagegen ist die Unmittelbarkeit in den Äußerungen rückläufig. Jedoch zeigen sich bis zu einem Alter von zwölf bis dreizehn Jahren noch große individuelle Unterschiede. Weiblichen Zeugen dieses Alters gelingt es, sich zunehmend mit größerer Distanziertheit dem Kontakt zum Gegenüber zu entziehen und dadurch neben erfolgreichem Leugnen auch in begrenztem Umfang relativ sicher und undurchsichtig Falschaussagen vorzubringen. Die Hemmungen in der Information von Sachverhalten gegenüber Dritten, auch Erziehungsberechtigten, nehmen zu. Besondere Beachtung in diesem Alter verlangt die emotionale Situation der Zeugin. Schambarrieren und Hemmungen treten in dieser Altersstufe stärker auf.[102]

In der vorpubertären Phase kommt es zur Differenzierung der mitmenschlichen Beziehungen, was dazu führt, dass die Schilderungen oftmals in sehr bezeichnender und aufschlussreicher Weise bereichert werden, z. B. durch die Wiedergabe der Gespräche, Gefühle und Einstellungen. Aber gerade durch diese zwischenmenschlichen Beziehungen begründen sich Ver-

[102] vgl. Schnitker 1993, S.101. vgl. Michaelis 1970/1, S.58ff.

pflichtungen und Rücksichten, die Einfluss auf die Motivlage und Aussageobjektivität haben können.[103]

Spielt das Milieu für die Zeugeneignung in den unteren Altersstufen kaum eine Rolle, so kommt dies in der Vorpubertät zum Tragen. So ist des Öfteren eine negative Prägung im Umgang mit „Amtspersonen" zu erkennen. Kinder in dieser Entwicklungsphase, deren verstandesmäßige Reife keine Defizite aufweist, haben eine angemessene Einstellung für den Ernst ihrer Aussage.

Grenzen der Aussagefähigkeit, die auch in diesem Alter noch gegeben sind, müssen Beachtung finden. Räumliche und zeitliche Zuordnungen von Geschehnissen gelingen nur in dem Umfang, wie keine größere Anzahl von Vorfällen einzubeziehen ist.[104]

Die erwachende oder zunehmende Beachtung der Sexualität prägt dieses Alter. Ausnahmen zeigen, dass durchaus bis zu einem Alter von zwölf Jahren Fälle sexueller Unbefangenheit auftreten, aber im Normalfall von einem zumindest latenten sexuellen Interesse auszugehen ist. Doch gerade diese oft anzutreffende Wissbegier bildet die Ausgangsbasis für sexuelle Phantasien. Für Kinder in der Vorpubertät stellen Sexualdelikte regelmäßig einen essentielleren Eingriff in die Persönlichkeit dar, auch wenn die äußeren Reaktionen geringer sein können als bei jüngeren Kindern. Kennzeichnend für diese Altersstufe ist die gestiegene, zumeist theoretische Kenntnis über sexuelle Vorgänge.[105]

Eine spezielle Betrachtung der männlichen Zeugen im vorpubertären Alter zeigt, dass diese von jeher als besonders gute Zeugen eingestuft wurden, da sie aufmerksam beobachten, aber noch wenig in Probleme involviert sind[106] und bei ihnen kein Nachlassen der Äußerungsunmittelbarkeit zu verzeichnen ist. Außerdem gelingt Jungen die Übernahme der Fähigkeit zur Anpassung und der Gewandtheit im zwischenmenschlichen Bezug später als Mädchen, so dass auch die Phase der Unaufrichtigkeit verzögert einsetzt.[107]

Zusammenfassend sei angeführt, dass vor allem Jungen in dieser Phase geeignete Zeugen darstellen, Mädchen aber aufgrund zunehmender sozialer Kontakte und Einflüsse nicht immer einfach zu handhaben sind. Da die

[103] vgl. Michaelis 1970/1, S.57. vgl. Schnitker 1993, S.101.
[104] vgl. Michaelis 1970/1, S.59ff.
[105] vgl. Michaelis 1970/1, S.56f.
[106] vgl. Bender/Röder 1981, S.164.
[107] vgl. Michaelis 1970/1, S.58f.

Schwierigkeiten vor allem im emotionalen Bereich angesiedelt sind, ist es wichtig, zunächst einen Zugang zu der betreffenden Person zu bekommen, ihr Vertrauen zu erhalten. Ist diese Hürde gemeistert, sollte es in der weiteren Folge gelingen, Aussagen zu erhalten, die aussagekräftig sind.

5. Die Glaubhaftigkeit einer Aussage

5.1 Differenzierung zwischen Glaubwürdigkeit und Glaubhaftigkeit

Problematisch erweist sich in der psychologischen Fachliteratur die Verwendung unterschiedlicher Bezeichnungen für Inhalte, die eine gemeinsame Bedeutung wiedergeben sollen. Dies betrifft auch die begriffliche Trennung von Glaubwürdigkeit der Person und Glaubhaftigkeit der Aussage.

Vor allem in der älteren kinderpsychiatrischen und kinderpsychologischen Literatur werden klassischerweise die Begriffe „allgemeine“ und „spezielle Glaubwürdigkeit“ verwandt.[108]

Abweichend davon ist zum Teil auch lapidar von der Glaubwürdigkeit des Zeugen und der Glaubwürdigkeit der Aussage die Rede.[109]

Diese Termini rufen seit mehreren Jahren Kritik hervor und die Anwendung neuer Bezeichnungen in Anlehnung an die kriminalistische Nennung setzt sich immer weiter durch.[110] So spricht sich Undeutsch seit längerem für die Verwendung der Begriffe Glaubwürdigkeit des Zeugen anstelle der „allgemeinen Glaubwürdigkeit“ und Glaubhaftigkeit der Aussage statt der „speziellen Glaubwürdigkeit“ aus.[111]

In Anbetracht der sich immer weiter verbreitenden Anwendung der Begriffe der Glaubwürdigkeit und Glaubhaftigkeit und im Hinblick auf die Analogie zur kriminalistischen Verwendung werden im Folgenden von der Verfasserin diese Ausdrücke gewählt.

Die Bestimmung der inhaltlichen Kriterien zeigt sich bei beiden Begriffen unproblematisch. Einheitliche Definitionen existieren jedoch nicht.

So bezieht sich die Glaubwürdigkeit auf die Person des Zeugen und beurteilt einfach ausgedrückt, „ob man einem Menschen im allgemeinen Glauben schenken kann“.[112] Dieser Begriff stellt auf die individuellen Aussagevoraussetzungen der Person ab.[113] Im Mittelpunkt steht somit die Frage, ob

---

[108] vgl. Fegert 1997, S.72.
[109] vgl. Kühne 1988 S.115. vgl. Fegert 1997, S.72.
[110] vgl. Steller 1997, S.128ff.
[111] vgl. Undeutsch 1967, S.51. vgl. Undeutsch 1993, S.133.
[112] v.Klitzing 1990, S. 181(182).
[113] vgl. Volbert/Steller 1998, S.235. vgl. Fegert 1997, S.72.

und in welchem Umfang die Person generell in der Lage ist, Wahrgenommenes unverfälscht zu reproduzieren, aber auch ob dies ihrem Willen entspricht.[114]

Dagegen spricht man von der Glaubhaftigkeit der Aussage, wenn die Differenzierung zwischen realitätsgetreuen Aussagen und Lügen gemeint ist, es sich also um situationsbezogene Eigenschaften handelt, die eine spezifische Aussage meinen.[115] Anders ausgedrückt, handelt es sich hierbei um die „Zuverlässigkeit der Aussagen zu einer bestimmten Tat“.[116]

5.2 Bedeutung für Praxis

Über die Bedeutung dieser Differenzierung bezüglich der Bewertung eines Zeugen oder seiner Aussage kam es in den letzten Jahren zu Diskussionen. Aufgabe des Richters oder Sachverständigen sollte es nicht sein, den Grad der Glaubwürdigkeit eines Zeugen zu bestimmen. Es kann durchaus Fälle geben, in denen ein Kind, das bisher als wahrheitsliebend und ehrlich galt durch bestimmte äußere, auch zufällige Gegebenheiten in eine Lage gerät, in der es unwahre Aussagen von sich gibt. Bedeutung hat deshalb nicht die Tatsache, ob ein Zeuge konstant glaubwürdig oder unglaubwürdig in Erscheinung getreten ist, sondern allein die Tatsache, ob er im konkreten zu beurteilenden Fall Anlass hatte, wahre oder unwahre Erklärungen zu machen.[117] So betonte auch Undeutsch, dass „der Angelpunkt der Begutachtung nicht die Glaubwürdigkeit des Zeugen, sondern die Glaubhaftigkeit der Aussage ist.“[118] Darüber besteht in der rechtspsychologischen Literatur weitgehendes Einvernehmen.[119]

Auch bei den Juristen setzt sich die Annahme durch, dass die Glaubwürdigkeit eines Zeugen ein fiktiver Begriff ist. Seitens der Gerichte werden nur noch gelegentlich gutachterliche Stellungnahmen zur Glaubwürdigkeit eines Zeugen in Auftrag gegeben. Damit hat sich wohl die Feststellung der Psychologen etabliert, dass für eine unzweifelhafte Diagnose, ob ein Ereignis richtig wiedergegeben wurde oder nicht, die Beziehung zwischen dem Zeugen und einem speziellen Ereignis Priorität hat. Dies bedeutet jedoch nicht, dass die Person des Zeugen gleichgültig oder nebensächlich ist. Ge-

---

[114] vgl. Liebel/V.Uslar 1975, S.78.
[115] vgl. Volbert/Steller 1998, S.235. vgl. Fegert 1997, S.72. vgl. Endres/Scholz/Summa 1997, S.194.
[116] Niebergall/Sporer/Warnke 1997, S.173.
[117] vgl. Schumacher, DRiZ 1960, 286 (286).
[118] Undeutsch 1967, S.51.
[119] vgl. Busse/Volbert 1997, S.131.

wohnheitsmäßige Persönlichkeitsbezüge sollten nach Möglichkeit immer mit in Erwägung gezogen werden.[120]

5.3 Differenzierung zwischen Glaubhaftigkeit und Aussagegenauigkeit

Nicht selten sehen sich Polizeivollzugsbeamte, Sachverständige, Staatsanwälte oder Richter einer kindlichen Aussage gegenüber, die nicht so geschildert wird, wie es der Realität entspricht. Hier taucht die Frage nach den Ursachen für eine solche, der Wahrheit widersprechenden Äußerung auf. Zwei Gründe lassen sich dafür anführen[121]:

Das Kind kann unabsichtlich Irrtümern unterliegen, die auf dem Vergessen von Informationen oder auf Verwechslungen beruhen. Derartige Fehler in der Wiedergabe von Informationen betreffen die Genauigkeit einer Zeugenaussage. Die Untersuchung der Aussagegenauigkeit dient der Unterscheidung zwischen wahrheitsgemäßen Aussagen und Irrtum.

Es gibt jedoch auch Fälle, in denen die Verfälschung der Aussage vorsätzlich (absichtlich) vom Kind vorgenommen worden ist. Dies geschieht, obwohl das Kind eine andere subjektive Wahrnehmung gemacht hat und sich dessen auch bewusst ist. Hier spricht man von Lüge und davon, dass die Glaubhaftigkeit der Aussage in Frage gestellt ist. Gegenstand der Prüfung der Glaubhaftigkeit einer Aussage ist somit die Differenzierung zwischen realitätsgetreuen Aussagen und Lügen.

Zentrales Kriterium für die Unterscheidung zwischen Genauigkeit und Glaubhaftigkeit bildet die Motivation der aussagenden Kinder bezüglich der wahrheitsgemäßen Wiedergabe des betreffenden Sachverhaltes. Eine Aussage, die auf einer Lüge basiert, ist geprägt von Motivationen. Dagegen bilden kognitive Prozesse die Grundlage für Fehler in der Aussagegenauigkeit (vgl. Tab.1, S. 20). Schlussfolgernd ergibt sich aus den vorliegenden Erörterungen, dass eine Aussage glaubhaft sein kann, aber dennoch nicht frei von Fehlern und Lücken sein muss. Liegen Aussagefehler vor, so ist dies nicht zwangsläufig ein Hinweis auf eine mangelnde Glaubhaftigkeit der Aussage.[122]

---

[120] vgl. Müller-Luckmann 1981, S.795.
[121] vgl. Köhnken 2003a, S.341. vgl. Endres/Scholz, Summa 1997, S.193f.
[122] vgl. Köhnken 2003a, S.341. vgl. Endres/Scholz, Summa 1997, S.193f.

5.4 Unterschiede zwischen erlebnisbegründeten und unwahren Aussagen

5.4.1 Die diagnostische Forschung

Die diagnostische Forschungsarbeit bezüglich der Glaubhaftigkeit einer Aussage hatte ihren Ausgangspunkt in der Überlegung, dass es sich für die kognitive Leistungsfähigkeit eines Zeugen als sehr schwierig darstellt, eine Aussage über einen umfassenden Geschehensablauf zu erfinden. Aus dieser Annahme heraus wurde die Hypothese aufgestellt, dass in Abhängigkeit der Leistungsfähigkeit der Person, eine erfundene Aussage weniger differenziert und ausführlich erfolgt und sie somit im Vergleich zu wahrheitsgetreuen Angaben vermutlich eine geringere Qualität aufweist (sog. „Undeutsch-Hypothese“) .[123]

Vor allem in den 60er und 70er Jahren des 20. Jahrhunderts kam es daher auf dem Gebiet der Begutachtung der Glaubhaftigkeit von Zeugenaussagen zu zahlreichen Aktivitäten seitens der Psychologen. So erarbeiteten Undeutsch (1967), Arntzen (1970), Trankell (1971) und Szewzyk (1973) Kriterienkataloge, die der Differenzierung glaubhafter und unglaubhafter Aussagen dienen sollen. Dabei stellte z. B. Undeutsch sog. Realitätskriterien in den Mittelpunkt. Durch die auf diese Weise durchgeführte Analyse des Aussageverhaltens und des Aussageinhalts soll die Glaubhaftigkeit der Aussage diagnostiziert werden. Außerdem geben sie Hinweise auf die weitere Vorgehensweise bezüglich der Untersuchung.[124]

Köhnken (1982) untersuchte die verschiedenen Kriterienkataloge auf ihre empirische Grundlage und die Gütekriterien. Dabei stieß er auf erhebliche Defizite im methodischen Bereich, z. B. fehlende Definitionen der Kriterien, fehlende Angaben zur empirischen Basis der diagnostischen Gütekriterien und der Gewichtungsfaktoren. In Anlehnung an die Kriterien Undeutschs gestaltete er diese um und vergab neue Bezeichnungen.[125] 1989 systematisierten Steller & Köhnken diese sog. Realkennzeichen, die sich auf den Inhalt einer Aussage beziehen, in einer Übersicht. Dies geschah mit dem Ziel empirische Validitätsprüfungen der Aussageanalyse zu ermöglichen. Diese Systematik bildet noch heute die Grundlage für viele empirische Simulations- und Feldstudien, was zu einer generellen Bekräftigung der Hypothese führte, dass zwischen erlebnisbegründeten und auf Lügen basierenden Aussagen eine qualitative Abweichung besteht.[126]

---

[123] vgl. Volbert/Steller 2004, S.695ff.
[124] vgl. Kühne 1988, S.116ff.
[125] vgl. Kühne 1988, S.119.
[126] vgl. Steller 1997, S.132. vgl. Steller/Volbert 1997, S.17.

Da die Merkmalsliste von Steller & Köhnken sowohl in der internationalen Forschung wie auch in der forensisch-aussagepsychologischen Begutachtungspraxis oftmals Anwendung findet, [127] gibt dies Anlass, sie näher zu betrachten, zumal sie auch auf die Untersuchung von Aussagen kindlicher Zeugen Anwendung findet.

5.4.2 Die Realkennzeichen nach Steller & Köhnken (1989)

Die angeführte Übersicht zeigt 19 Realkennzeichen anhand derer die kriterienorientierte Aussageanalyse erfolgt. Grundlage ist die Hypothese, dass diese Kennzeichen in einer gelogenen Aussage weniger häufig vorkommen als in einer Aussage, die einen wahren Erlebnishintergrund vorweist, da ein Zeuge eine Aussage in der durch die Realkennzeichen bezeichneten Qualität nicht machen kann, wenn kein reeller Erlebnisbezug besteht.[128]

Tab. 3. Realkennzeichen in der Kategorisierung von Steller & Köhnken (1989)[129]

Allgemeine Merkmale
Logische Konsistenz / Widerspruchsfreiheit
Ungeordnete Reproduktionsweise
Quantitativer Detailreichtum

Spezielle Inhalte
Kontextuelle Einbettung
Beschreibung von Interaktionen
Reproduktion wörtlicher Rede
Beschreibung

Inhaltliche Besonderheiten
Ungewöhnliche oder originelle Details
Überflüssige Dctails
Phänomengemäße Schilderung unverstandener Ereignisse
Externe Assoziationen
Beschreibung eigener psychischer Vorgänge
Beschreibung psychischer Vorgänge bei dem Beschuldigten

[127] vgl. Volbert/Steller 2004, S.698.
[128] vgl. Köhnken 2001, S.33.
[129] Köhnken 2001, S.34.

Motivationsbezogene Inhalte
Spontane Selbstkorrekturen
Zugeben von Erinnerungslücken
Zweifel an der Richtigkeit der eigenen Aussage
Selbstbelastungen
Entlastung des Beschuldigten

Deliktsspezifische Inhalte
Beschreibungen von deliktsspezifischen Merkmalen

Die inhaltliche Bestimmung der Einzelmerkmale wird dabei wie folgt vorgenommen:[130]

Allgemeine Merkmale
Bezüglich der ersten drei Realkennzeichen ist die gesamte Aussage in die Untersuchung einzubeziehen.

Unter *logischer Konsistenz* ist hier zu verstehen, dass die Aussage keine inneren Widersprüche enthält und in sich schlüssig ist. Dies begründet jedoch keinen Anspruch auf Plausibilität. Denn nicht immer ist das Handeln des Opfers in der Tatsituation für den unbeteiligten Betrachter verständlich.

Entsprechend dem Merkmal der *ungeordneten Reproduktionsweise* wird nur ausgedachten Aussagen zugesprochen, dass sie in der Mehrzahl der Fälle chronologisch geordnet wiedergegeben werden. Eine sprunghafte und unstrukturierte Schilderung ohne Erlebnisgrundlage und losgelöst von der chronologischen Folge ist in solchen Fällen schwierig. Für eine Einbeziehung dieses Merkmals in die Analyse ist es Voraussetzung, dass die Aussage letztendlich insgesamt stimmig im Sinne der logischen Konsistenz ist.

Von *quantitativen Detailreichtum* spricht man in diesem Zusammenhang, wenn die Aussage viele Details, losgelöst von ihrer Art, umfasst. Ohne den entsprechenden Erlebnishintergrund wird es für den Aussagenden schwierig, sich die für eine hohe Quantität notwendigen Details auszudenken und zum komplexen Geschehen stimmig darzulegen.

---

[130] vgl. Köhnken 2001, S.34ff. vgl. Steller/Volbert 1997, S.17ff.

Spezielle Inhalte / Inhaltliche Besonderheiten
Bei der Betrachtung dieser Komplexe steht neben der Quantität der vorgetragenen Details auch deren qualitative Seite im Vordergrund.

Die *kontextuelle Einbettung* stellt auf die spezifische Verbindung des behaupteten Ereignisses mit einem lokalen, temporalen, modalen sowie biographischen Umfeld ab. Bei Zunahme dieser Verknüpfungen wird es für den Aussagenden ohne eigene Erlebnisgrundlage schwieriger, diese wiederzugeben. Besondere Bedeutung wird diesem Kriterium in solchen Fällen zugemessen, wenn sich das Geschehen zwar wie berichtet zugetragen hat, es aber auf eine andere Person reproduziert wird.

Das Merkmal der *Beschreibung von Interaktionen* ist gegeben, wenn psychologisch nachvollziehbare Abfolgen von Handlungen und die daran anknüpfenden Reaktionen geschildert werden, die miteinander derart in Beziehung stehen, dass sie nicht losgelöst voneinander auftreten können und aufeinander abstellen. Hintergrund ist hier, dass es äußerst kompliziert ist, psychologisch stimmige Interaktionsketten zu erfinden.

Bei der *Reproduktion der wörtlichen Rede*, also der Wiedergabe von Gesprächen, steht die Untersuchung von Rede und Gegenrede, also ebenfalls Aktion und Reaktion im Mittelpunkt. Augenmerk wird auf die Zuordnung der jeweiligen Äußerung zu einer Person gelegt.

Beschreibung meint die Schilderung von Komplikationen, welche in nicht erlebnisbegründeten Aussagen kaum zu finden ist. Solche Komplikationen können z. B. unerwartet auftretende Hindernisse, enttäuschte Erwartungen, Misserfolge im Handlungsfortgang sein. Da die Einbettung derartiger Komplikationen bei unwahren Aussagen die Wiedergabe deutlich erschwert, wird dieses Element oft nicht in Erwägung gezogen oder von Anfang an vergessen.

Ungewöhnliche oder originelle Details meinen solche, bei denen absehbar ist, dass die Wahrscheinlichkeit ihres Vorkommens gering ist und deshalb auch nicht zu erwarten wäre. Die minimale Wahrscheinlichkeit kann in der Besonderheit des Details selbst begründet sein, aber auch auf den eingeschränkten geistigen und schöpferischen Fähigkeiten des Zeugen beruhen.

Dagegen sind *nebensächliche oder überflüssige Details* solche, die zwar Berücksichtigung in der Aussage finden, mit dem Geschehen jedoch nichts zu tun haben und für die Aussage oft nicht von Interesse sind. Die subjektive Sicht des Zeugen bezüglich der Bedeutsamkeit der Einzelheit spielt dabei keine Rolle. Es kommt lediglich auf die sachlogische Beziehung mit dem tatsächlichen Ereignis an. In einer erfundenen Aussage werden derartige Bestandteile erst gar nicht auftauchen, da der Betreffende sie von vornherein nicht in Erwägung zieht oder gerade aus dem o. g. Grund der Nebensächlichkeit nicht angibt.

Von einer *phänomengemäßen Beschreibung* unverstandener Ereignisse spricht man, wenn die Aussage Inhalte enthält, von denen ersichtlich ist, dass der Aussagende selbst sie gar nicht einordnen kann, die ihm undurchschaubar sind, die er nicht verstanden hat. Der Zeuge ist jedoch von ihrer Wahrnehmung überzeugt. Auch von derartigen Schilderungen wird der unwahr Aussagende aus Angst sich unglaubwürdig zu machen, Abstand nehmen.

Externe Assoziationen bezeichnen die Wiedergabe von Geschehensabläufen, die Ähnlichkeiten zu dem behaupteten Vorfall aufweisen, bei denen aber der wirkliche Zeitpunkt des Geschehens und die beteiligten Personen nicht dem tatsächlichen Ereignis entsprechen.

Bei der *Beschreibung eigener psychischer Vorgänge* erfolgt die Analyse der Aussage bezüglich der Darstellung von Gedanken (z. B. Fluchtgedanken) oder emotionalen Abwicklungen, aber auch von physiologischen Abläufen (z. B. Herzrasen, Zittern).

Im Gegensatz dazu werden bei der *Erklärung psychischer Vorgänge bei dem Beschuldigten* Interpretationen von Sinneseindrücken am Beschuldigten geschildert. Eine derartige Interpretation ist es z. B., wenn durch das Beobachten von schneller Atmung, Erröten u. ä. auf die Aufregung oder Aggression des Beschuldigten geschlossen wird.

Motivationsbezogene Inhalte

Die Inhalte dieser Kategorie beziehen sich auf die Selbstdarstellung des glaubwürdigen Zeugen. Ansatzpunkt dabei ist die Annahme, dass der unwahr Aussagende versucht, sich in eine positive Position gegenüber dem Vernehmenden zu bringen. Daher wird er Ausführungen umgehen, die ihn in ein schlechtes Licht bringen.

Ein Gesichtspunkt in dieser Rubrik ist daher die *spontane Selbstkorrektur* bezüglich des Inhalts der eigenen Aussage. Spontan meint in diesem Kontext, dass die Verbesserung aus eigenem Antrieb ohne Zutun Dritter erfolgt. Eine größere zeitliche Spanne tut der Korrektur keinen Abbruch, da es durchaus möglich ist, dass im Zusammenhang mit der Schilderung anderer Details Assoziationen zu vorangegangenen Äußerungen auftreten.

Beim *Zugeben von Erinnerungslücken* spielt die Hypothese eine Rolle, dass der lügende Zeuge eine Art Vermeidungsverhalten derart zeigt, dass solche Lücken nicht vorkommen und er so nicht den Eindruck der Unsicherheit erweckt. Bei erlebnisbegründeten Aussagen sind Erinnerungslücken natürliche Erscheinungen und führen nicht zum Glaubhaftigkeitsverlust.

Zweifel an der Richtigkeit der eigenen Aussage als Realkennzeichen setzen voraus, dass der Zeuge die Korrektheit seiner Aussage nicht in Frage stellt, aber von sich aus erkennt, dass es für den Unbeteiligten wohl unplausibel, unwahrscheinlich oder merkwürdig klingen muss.

Selbstbelastungen, die den Zeugen in schlechtem Licht zeigen, z. B. bei Eigenbeteiligung sind als Kriterium für einen realen Hintergrund zu sehen.

Die *Schilderung entlastender Umstände für den Beschuldigten* können ausdrücklich oder indirekt erfolgen, indem beispielsweise die Alkoholisierung angesprochen wird.

Deliktsspezifische Inhalte
Dieses Kennzeichen bedingt die Schilderung von Vorgängen, die nach Erfahrungen der Kriminologie und Viktimologie Bezug nehmend auf die konkrete Tat oft auftreten. Dem Zeugen selbst entziehen sich diese Kenntnisse aber.

5.5 Motivbezogene Aspekte beim Kind

Sollte bei einer Anhörung festgestellt werden, dass das Kind in seiner Aussage Angaben gemacht hat, die nicht der Wahrheit entsprochen haben, bietet das Anlass, nach den Gründen für diese Falschaussage zu suchen. Motive für ein derartiges Handeln des Kindes können vielgestaltig sein. Da es sich bei einer unwahren Aussage, die auf einer Lüge beruht, um die Wiedergabe von Informationen handelt, die bewusst verfälscht wurden, ist die Ergründung der Motivlage ein entscheidendes Kriterium zur Wahrheitsfindung. *Nachfolgend wird daher eine Übersicht über mögliche Motivationsgründe aufgezeigt,* die aber aufgrund der Vielschichtigkeit dieser Problematik keinen Anspruch auf Vollständigkeit erhebt.

Scheu

Vor allem im Bereich von Sexualdelikten stellt sich bei den Opfern oft das Gefühl ein, dass die an ihnen vollzogenen Handlungen etwas Unrechtes, ja Anstößiges darstellen und in der Gesellschaft nicht gebilligt werden. Dabei spielt eine wesentliche Rolle, dass unterschwellig die Befürchtung besteht, direkt oder indirekt für das Geschehen mit zur Verantwortung gezogen zu werden. Umstände, die dieses Denken noch verstärken sind dergestalt, dass durch die betroffenen Kinder im Zusammenhang mit diesen Vorfällen, z. B. Gegenleistungen in Form von Geld u. a. angenommen wurden oder die Eltern angelogen wurden.[131]

Familiäre Rücksichten

Auch hier ist es vorrangig der Bereich der Sittlichkeitsdelikte, der sich als problematisch aufzeigt. Gerade die Familie stellt für die betroffenen Kinder auch in derartigen Situationen die soziale Basis dar, ein Gefüge, in das sie integriert sind, wo sie ihre Wurzeln haben. Um dieses System nicht zu gefährden, entscheiden sich die Mehrzahl der Kinder für ihre Familie. Kommt es dennoch zur Anzeige und dem Kind wird durch die nunmehr auftretenden Begleiterscheinungen (z. B. Inhaftierung eines Elternteils; finanzielle Probleme durch den Ausfall des Hauptverdieners) und / oder Einflussnahme durch andere Angehörige bewusst, welche Auswirkungen diese Offenbarung mit sich bringt, geht dies oftmals mit der Rücknahme der Aussage einher.[132]

Vorurteile bezüglich der Glaubhaftigkeit

Ein weiteres nicht zu unterschätzendes Kriterium ist die Sorge des Kindes, ob ihm bei einer Aussage überhaupt Glauben geschenkt wird. Gerade aus diesem Grund werden Sachverhalte durch Kinder oft so verändert präsentiert, dass ihnen aus ihrer Sicht nunmehr Vertrauen in die Richtigkeit ihrer Angaben gezeigt werden muss.[133]

Anstiftung zur Falschaussage

Nicht immer basiert eine unwahre Aussage auf der Eigenmotivation des Kindes. Oftmals werden die Täter oder andere indirekt Beteiligte (z. B. Familienangehörige) zu Anstiftern.

---

131 vgl. Undeutsch 1967, S.92ff.
132 vgl. Undeutsch 1967, S.95ff.
133 vgl. Undeutsch 1967, S.97ff. vgl. Fegert 1997, S.75f.

5.6 Hinweise für die polizeiliche Praxis

Arntzen gibt psychologische Kriterien vor, die dem vernehmenden Polizeivollzugsbeamten die Entscheidung darüber erleichtern sollen, ob die Aussage eines kindlichen Zeugen glaubhaft ist. Diese Einzelmerkmale knüpfen in Teilen an bisherige Ausführungen an, sind aber als so wesentlich anzusehen, dass sie bereits bei der polizeilichen Vernehmung zu Tage treten und daher auch von dem meist als psychologischen Laien geltenden Beamten zu erkennen sind[134] :

Unerwartet gestellte Fragen nach Einzelheiten werden verhältnismäßig schnell und sehr bestimmt beantwortet.

Dabei ist nicht die Spontaneität des Berichtes oder der Antworten gemeint, die auf erwartete Fragen folgen, da bei solchen oftmals trotz unwahrer Aspekte ein sicheres und schnelles Antwortverhalten gegeben ist. Hat der kindliche Zeuge jedoch im Vorfeld keine Zeit, sich auf die Frage vorzubereiten, z. B. bei unerwarteten Fragen nach Nebensächlichkeiten, gerät seine Aussage ins Stocken, sie verliert an Bestimmtheit. Ändert sich das Aussageverhalten nicht, ist dies als Aspekt für die Glaubhaftigkeit zu werten.

Die Aussagen des Kindes lassen eine gewisse „Selbstkritik“ erkennen.

Dieses Kriterium beachtet die Fähigkeit des Kindes, eigenständig die Grenzen seiner Aussageleistung zu erkennen und diese zu gegebenem Zeitpunkt unvermittelt auch einzuräumen. Die Selbstkritik äußert sich in verbalen Mitteilungen, wie: „Das weiß ich nicht.“; „Ich habe das nicht so genau gesehen.“ Durch die augenscheinliche Antipathie gegen Entstellungen oder Täuschungen steigt die Glaubhaftigkeit der Aussage.

Der gesamte Verhaltenstil des Kindes bei der Vernehmung lässt nicht auf Motive schließen, die häufig für falsche Angaben verantwortlich sind.

Die verschiedenen motivationalen Einflüsse können auf die Aussage des Kindes eine derartige Wirkung haben, dass sich dessen Tonart oder Aussageformulierung ändert oder auch das Auftreten andere Züge annimmt. In diese Betrachtungen muss somit die vorausgehende Motivanalyse eingeschlossen werden.

Auch Erinnerungslücken, die unnatürliche Ausmaße annehmen oder ständige Übertreibungen deuten daraufhin, dass das Kind nicht unbefangen ist.

---

[134] vgl. Arntzen, Kriminalistik 1951, 197 (197ff.).

Da gerade die Unbefangenheit kindlicher Zeugenaussagen für deren Zeugeneignung spricht, sollten Hinweise, die gegen diese sprechen besonders ernst genommen werden.

Die Aussagen sind längere Zeit hindurch von echten Gefühlsäußerungen begleitet.

Kurzzeitige verfälschte Gefühlsäußerungen können durchaus auch von Kindern gezeigt werden. Solche emotionalen Reaktionen sind von kindlichen Zeugen jedoch nicht bei Vernehmungen durchweg zu realisieren, wenn diese eine Stunde oder länger dauern. Vor allem die Mimik verrät die Echtheit von Gefühlsäußerungen wie Angst, Unsicherheit, Schuld etc.

Die Aussagen eines Kindes stimmen inhaltlich gut mit denen anderer Kinder überein.

Handelt es sich um Kindergruppen sollte der Gesichtspunkt der Verabredung nicht aus den Augen verloren werden. Stimmt die Aussage demnach „zu gut" überein, deutet dies auf ein derartiges Vorverhalten hin. Gegen eine Verabredung spricht eine inhaltliche Übereinstimmung (bezüglich gleich erlebter Sachverhalte) bei unterschiedlichen Formulierungen in den einzelnen Aussagen.

Grundvoraussetzungen für die Anwendung dieser Kriterien in der polizeilichen Praxis sind z. B. eine möglichst geringe zeitliche Differenz zwischen dem Ereignis und der Vernehmung, ein möglichst zusammenhängender Bericht des Kindes zu Beginn der Vernehmung ohne störende Zwischenfragen und eine ruhige, ungestörte Atmosphäre. Die Erkenntnisse sollten protokolliert werden, um somit die Basis für die richterliche oder sachverständige Beurteilung der Glaubhaftigkeit bilden zu können.

6. Das Problem der Suggestibilität

Fälle in jüngster Vergangenheit, in denen Kinder in Aufsehen erregenden Prozessen als Zeugen auftraten (Montessori-Prozess in Münster; Wormser Prozesse) und die Glaubhaftigkeit ihrer Aussage bzw. die Frage der Suggestibilität ins Rampenlicht gestellt wurden, aber auch weniger spektakuläre Verhandlungen und vorangegangene langjährige Diskussionen über die suggestive Beeinflussung von Kindern, haben dafür gesorgt, dass die Brisanz dieses Themas ständig in den Mittelpunkt des Interesses rückte.

Kinder bieten aufgrund ihrer mangelnden Lebenserfahrung, ihres Urvertrauens in andere, zum Teil auch fremde Personen und noch nicht voll ausgereifter Charakterzüge, wie Skepsis, Standhaftigkeit u. ä. einen idealen „Nährboden" für suggestive Beeinflussungen. Dabei muss die Beeinflussung durch andere Personen nicht zwangsläufig gewollt sein, sondern kann auch mehr oder weniger als Nebeneffekt und unabsichtlich auftreten. Entscheidend ist daher die Analyse der Frage, was Kinder so suggestibel macht und wie diese Suggestibilität erkannt bzw. vermieden werden kann, d. h. wo die Quellen suggestiver Einflüsse zu finden sind.

Im Rahmen der Suggestibilitätsforschung finden zwei divergierenden experimentelle Paradigmen Eingang. Bezug nehmend auf die drei typischen Phasen der Gedächtnispsychologie (Aufnahme-, Behaltens- und Abrufphase) beschäftigt man sich einerseits mit der suggestiven Wirkung von Falschinformationen, welche zwischen Darbietung und Abruf erfolgen. Andererseits geht das eigentliche Suggestibilitätsmodell von lediglich zwei Phasen aus, wobei die Suggestion in der Abrufphase selbst durch die Befragung an sich erfolgt. Forschungen, die sich auf die erst genannte Variante beziehen, sind im Wesentlichen auf die Untersuchung von Gedächtnisprozessen gerichtet. Analysen, die das zweite Phänomen zum Gegenstand haben, sind rechtspsychologisch von größerer Bedeutung, da bei jeder Befragung nicht nur der Informationsfluss vom zu Befragenden zum Interviewer gegeben ist, sondern auch umgekehrt durch die Fragen des Interviewers Informationen an sein Gegenüber weitergegeben werden können. Dabei kommt es zu vielgestaltigen wechselseitigen Prozessen der Beeinflussung, deren Grundlage Begriffe wie Autorität, Konformität u. a. bilden.[135] Bereits 1977 stellte Michaelis-Arntzen fest: „Frageinhalte greifen leicht in die Erinnerungsinhalte des Kindes ein und gestalten sie um. Besonders bei ungewollter Suggestion durch ungeschulte erwachsene Befra-

[135] vgl. Endres/Scholz/Summa 1997, S.190.

ger kann es zu Erinnerungsverfälschungen kommen.“ [136] Aus diesem Grund wird nachfolgend der Bezug zum letzt genannten Suggestibilitätsmodell hergestellt.

Ist von suggestiven Einflüssen die Rede, so sind die Formen der Fremdsuggestion gemeint, dass heißt Suggestionseffekte, die durch beeinflussendes Verhalten einer anderen Person hervorgerufen und nicht vom Kind selbst (Autosuggestion) erzeugt wurden.

6.1 Begriffsbestimmung

Setzt man sich mit dieser Materie auseinander, rücken zwangsläufig die Begriffe „Suggestibilität“ und „Suggestion / Suggestivität“ ins Blickfeld. Die Bezeichnungen unterliegen nicht immer einer konsequenten Trennung, da eine einheitliche Definition dieser Termini nicht existiert.

6.1.1 Suggestibilität

Volbert bezieht Suggestibilität auf „die Bereitschaft, die Suggestion zu übernehmen.“[137] Gudjonsson dagegen definiert Suggestibilität als „das Ausmaß, in welchem Personen nachträgliche Informationen akzeptieren und in ihre Erinnerungen integrieren“.[138] Das Wort „Erinnerung“ wird oftmals derart interpretiert, dass der Vorgang der Beeinflussung seitens des Beeinflussten nicht bewusst abläuft. Deshalb unterliegt die Aufnahme des Kriteriums der „Erinnerung“ in die Definitionsmerkmale dem kritischen Argument, dass es auch Sachverhalte gibt, in der die Person, wenn auch nur teilweise, die Abweichung zur reellen Ausgangssituation erfassen kann.[139] Endres stellt daher bei diesem Definitionsmerkmal auf die Beeinflussung der Aussage an sich ab und nicht auf die der Erinnerung. Er definiert den Begriff der „Aussagesuggestibilität“ als „Ausmaß, in welchem eine Person Informationen in ihre Aussage über ein Erlebnis übernimmt, die ihr durch Befragungen oder nachträgliche Informationen in einem sozialen Kontext übermittelt worden sind“.[140] Da diese Definition auch das Erfordernis der Akzeptanz der suggerierten Informationen außen vor lässt und somit nicht, wie die Auslegung nach Gudjonsson, die Bedingung setzt, dass die einem Suggestionseinfluss unterlegene Person an deren Realität glaubt oder sie für glaubhaft hält, ist diese Definition weiter gefasst. Endres´ Definition ist

---

[136] Michaelis-Arntzen 1997, S.205.

[137] Volbert 2003, S.395.

[138] Gudjonsson , zit. nach Volbert, Exp. und klinische Hypnose 1999, 55 (56).

[139] vgl. Volbert, Exp. und klinische Hypnose 1999, 55 (56f).

[140] Endres/Scholz/Summa 1997, S.189.

deshalb aus Sicht der Verfasserin der Vorrang einzuräumen. In Anlehnung an dessen Meinung wird der Standpunkt vertreten, dass durch empirische Analyse und nicht durch eine vorgefertigte definitorische Auslegung festgestellt werden soll, in welchem Maße suggerierte Aussageinhalte in die vorhandenen Erinnerungen an ein erlebnisbegründetes Ereignis integriert werden bzw. auch entgegen der eigenen Ansicht lediglich aus Konformitätsdruck suggerierte Inhalte geäußert werden.[141]

Gerade der zuletzt genannte Aspekt spricht für die Annahme, dass es unter Umständen Situationen gibt, in denen suggerierte Informationen teilweise bewusst übernommen werden, z. B. unter Konformitätsdruck (vgl. Pkt. 6.4.3.2, S.58f.).

6.1.2 Suggestivität / Suggestion

Allgemein gesprochen ist mit Suggestivität die beeinflussende Wirkung an sich gemeint. Dies geht nicht in vollem Umfang konform mit dem Begriff der „Suggestion“. Suggestion ist „die Kommunikationsform oder Technik, über die sich die Beeinflussung vermittelt“[142], d. h. es kommt erst in deren Ergebnis zu einer beeinflussenden Wirkung (Suggestivität). Beide Begriffe bilden in der Gesamtbetrachtung aber eine Einheit, wobei Suggestion den komplexen Prozess der Beeinflussung darstellt. Soweit herrscht in der Auslegung der Begriffe Einigkeit. Jedoch gibt es weitere Kriterien, bei denen sich die Meinungen nicht gleichen. Bedeutung erlangen dabei vor allem folgende Bestimmungsmerkmale, die für den o. g. Suggestionsprozess entscheidend sind[143]:

- die suggerierten Mitteilungen dürfen mit dem wirklichen Geschehen nicht übereinstimmen,
- dieser Mangel in der Übereinstimmung wird von der beeinflussten Person nicht bemerkt.

Volbert und Pieters stellen in einem Abgleich verschiedener Definitionen diesbezüglich fest, dass Übereinstimmung darin besteht, dass eine Fehlinformation vorliegt (vgl. erstes Kriterium), die übernommen wird und den Inhalt der Aussage verfälscht. In Anlehnung an die Divergenz beim Begriff Suggestibilität bildet auch hier die Frage ein Problem, ob bzw. inwieweit der Aussagende erfassen darf, dass seine Angaben eine Abweichung zum tatsächlichen Geschehen enthalten (vgl. zweites Kriterium).

---

[141] vgl. Endres/Scholz/Summa 1997, S.189f.
[142] Volbert 2003, S.395.
[143] vgl. Volbert/Pieters, Psychologische Rundschau 1996, 183 (184ff).

Differenzierende Meinungen zeigen sich nebenher ebenfalls bezüglich des Zeitpunktes der Beeinflussung. Hier geht es um die Integrierung von Falschinformationen, die ausschließlich nachträglich oder auch vorausgehend erfolgt sind.[144] Zu einem einheitlichen Ergebnis kommen Volbert und Pieters jedoch gleichfalls nicht. So bildet diese inhaltliche Begriffsbestimmung auch heute noch die Grundlage für zahlreiche Diskussionen.

6.2 Das Werk von William Stern

William Stern ist einer der ersten, der sich intensiv mit dem Aussageverhalten von Kindern beschäftigt hat. Seine Werke aus den Anfängen des 20. Jahrhunderts gelten noch heute als anerkannte und viel beachtete wissenschaftliche Arbeiten auf diesem Gebiet.

Der Suggestionsprozess spielt in den Arbeiten Sterns eine zentrale Rolle. Suggestion ist nach Stern, „die Erweckung einer gleichsinnigen Stellungnahme mit Hilfe einer inneren Nachahmung“[145], wobei Voraussetzung für die Umsetzung jeder Suggestion ein Übermittler und ein Nachahmer ist.

Grundlage für den Suggestionsprozess bildet bei Stern ein Reiz-Reaktions-Muster. Dieses besagt, dass Kinder in einer Umwelt aufwachsen, in der sie ständig von Personen umgeben sind, die in diverser Weise (z. B. durch Urteile, Gefühle) auf sie einwirken, indem sie es verbal und/oder nonverbal nach außen zeigen. Diese so entstehenden Reize werden vom Kind bewusst wahrgenommen und verstanden. Ein solcher Prozess stellt den Normalfall dar und hat keinerlei suggestive Züge. Erst wenn der Umstand eintritt, dass das Kind die Reize unbewusst aufnimmt und nachahmt, spricht man von suggestiver Einflussnahme. Dabei ist diese Reaktion von einer rein körperlichen Imitation zu unterscheiden, die lediglich erfordert, dass das Kind die äußere Bewegung feststellt und selbst bewerkstelligen kann. Suggestion dagegen fordert vom Kind, dass es die gezeigten Symptome der anderen Person erschließt und dadurch zu den verborgenen Urteils-, Gefühls- und Willens- Einstellungen gelangt. Hier wird zwischen Gefühls- und Willenssuggestion unterschieden. Ersteres meint, dass nicht bereits das beginnende Schreien eines Kindes, wenn es andere Kinder weinen hört, Suggestion ist, sondern diese erst vorliegt, wenn es angesichts eines weinenden Menschen dessen gezeigte Traurigkeit übernimmt und selbst traurig wird. Letzteres sieht im Klatschen eines Kindes, wenn es andere Kinder klatschen sieht die Nachahmung, aber bei der Übernahme von Mut und Begeisterung des

---

[144] vgl. Volbert/Pieters, Psychologische Rundschau 1994, 183 (184f.).
[145] Stern 1952, S.412.

Trainers während eines Kampfspiels durch die Mitspieler und deren Entscheidung loszustürmen die Suggestion. Da die Übergänge sich fließend gestalten, ist häufig nicht eindeutig zu erkennen, auf welcher Basis das nachgeahmte Verhalten begründet ist, insbesondere bei Kindern.[146]

Wichtiges Differenzierungskriterium zwischen Nachahmung und Suggestion ist die innere Einstellung, die das Kind erwirbt. Nimmt das Kind an, dass eine solche, äußerlich nicht sichtbare Einstellung bei seinem Gegenüber existiert, wird sie erdeutet und eine Übernahme ist möglich. Gleiches gilt für Erklärungen, die vorgespielt oder geheuchelt sind, z. B. Schauergeschichten, die beim Kind Furcht auslösen. Außerdem sind Kinder in der Lage, nicht offensichtliche Stellungnahmen herauszufiltern, auch wenn diese eine nur unbewusste Rolle spielen.[147]

Die Person, die besonderen suggestiven Einfluss ausübt, ist die Mutter. Daneben haben der Vater, Verwandte, Geschwister, Spielgefährten, aber ebenso Kindergärtnerinnen dieses Potential, wenn auch in abgeschwächter Form. Betrachtet man jenen Personenkreis, so erfolgen die suggestiven Einflüsse in der Regel unbeabsichtigt. Hier zeigt sich, dass Kinder auch Dinge imitieren, die ihnen nicht eigens zu diesem Zweck gezeigt werden. Derartige Nachahmungen beziehen sich genauso auf nicht Wünschenswertes. Dies betrifft vor allem Äußerungen zu anderen Personen, welche dann als eigene Ansichten wiedergegeben werden.[148]

Bereits 1904, aber auch in seinen späteren Werken, differenzierte Stern zwischen aktiver und passiver Suggestion. Aktive Suggestion meint dabei den von einer Person ausgehenden Einfluss von außen und passive Suggestion den psychischen Zustand der beeinflussten Person, also die davon unabhängige personenbezogene Empfänglichkeit für derartige Einflüsse.[149] Diese Unterteilung bildete die Grundlage für die Begriffstrennung in der heutigen Form i. S. v. Suggestibilität und Suggestivität. Die von Stern verwandten Termini finden jedoch auch noch Anwendung.

[146] vgl. Stern 1952, S.412ff.
[147] vgl. Stern 1952, S.415.
[148] vgl. Stern 1952, S.414.
[149] vgl. Stern 1952, S.412f.

6.3 Allgemeine Ausführungen zum Suggestionsprozess

In Anlehnung an die differenzierende Betrachtung Sterns beschäftigt sich die Forschung heute noch mit dieser Problematik und versucht unter anderem zu ergründen, welche Abläufe den Suggestionsprozess bedingen.

Nach Volbert bildet die Tatsache, dass sich der beeinflussten Person unterschiedliche Wahlmöglichkeiten darstellen die Grundlage für die Beeinflussung durch Suggestionen. Diese Alternativen können aus rein suggerierten Aspekten bestehen, aber auch die Wahl zwischen erlebnisbegründeten oder suggerierten Fakten bieten. Dabei spielen eine sachlich abwägende Gegenüberstellung der Varianten oder Reflexmechanismen keine Rolle. Eine genaue Klärung, wie es letztendlich zur Übernahme suggerierter Alternativen kommt, gibt es nicht. Lediglich der Einfluss diverser kognitiver und sozialpsychologischer Einflüsse, individueller Gegebenheiten und situativer Voraussetzungen in unterschiedlicher, temporal abhängiger Gewichtung ist nicht anzuzweifeln.[150]

Unterschiede treten bezüglich der Veranlagung der Individuen für Suggestionen (passive Suggestion) auf. Zum einen begründen sich diese Abweichungen in der individuellen Persönlichkeitsstruktur. Zum anderen ist dies abhängig von der jeweiligen Situation, da die Suggestibilität in den Phasen stärker auftritt, in denen Defizite in bestimmten Bereichen auftreten. Diese Mangelerscheinungen bestimmen sich nach unterschiedlichen Gesichtspunkten und können verschiedener Form sein:

- affektive Gesichtspunkte (Mangel an Zuwendung, Vertrauen, Sicherheit, Selbstwertgefühl);
- kognitive Gesichtspunkte (fehlende Erinnerung oder mangelndes Wissen, Verständnis oder logisches Denken);
- strukturelle Gesichtspunkte (ungenügende Eindeutigkeit der Situation).

Die durch Suggestion vorgegebene Lösung dient nunmehr dazu, den aufgetretenen Mangel auszugleichen. Entscheidend für die Suggestionsempfänglichkeit ist hierbei folglich das Vorhandensein dieser Mängel, unabhängig von einer suggestiven Aufforderungssituation (aktive Suggestion). Der Suggestionseffekt tritt erst auf, wenn beide Bedingungen aufeinander treffen.[151]

---

[150] vgl. Volbert 2003, S.396.

[151] vgl. Volbert 2003, S.397. vgl. Volbert, Exp. und klinische Hypnose 1999, 55 (58).

Ergebnis aktiver Suggestion kann die zeitweise oder dauerhafte Veränderung, Initiierung oder Aufhebung von Urteilen, Handlungsweisen, Gedächtnisinhalten u. a. sein.[152]

6.4 Bedingungen für das Auftreten von Suggestionseffekten

Theoretische Überlegungen und Studien geben Auskunft darüber, dass die Grundlage für den gesamten Entwicklungsgang der suggestiven Einflussnahme verschiedene Bedingungen bilden. Diese werden, wie bereits erwähnt, in Abhängigkeit von „diversen kognitiven und sozialpsychologischen Faktoren, individuellen Voraussetzungen, Aufgabenmerkmalen und Abfragebedingungen“[153] betrachtet.

1970 stellten Arntzen & Michaelis eine Übersicht an Determinanten zusammen, die zu Verstärkungen der Suggestibilität bei Kindern führen:[154]

Ängstlichkeit;
Vernehmung durch Autoritätspersonen;
Emotionale Bindung an den Befragenden;
Ermüdung;
Gruppeneinflüsse;
Junges Alter der Zeugen;
Übermaß an Lob;
Versprechungen von Belohnungen;
Nebensächlichkeit des Fragegegenstandes;
Schwache intellektuelle Begabung;
Unsichere Erinnerungen;
Vorgabefragen;
Erkennbare Erwartung des Befragenden;
Weit zurückliegende Vorkommnisse;
Wiederholungsbefragung;
Vermeintliche Drohungen;
Gruppensituationen.

---

[152] vgl. Volbert 2003, S.396.
[153] Volbert, Exp. und klinische Hypnose 1999, 55 (73).
[154] vgl. Arntzen & Michaelis, zit. nach Michaelis-Arntzen 1997, S.205.

Dagegen unterscheidet Volbert für die Analyse der Bedingungen des Auftretens von Suggestionseffekten zwischen folgenden drei Bereichen, welche auch Eingang in die Arbeiten anderer Autoren gefunden haben und Elemente der Ausführungen von Michaelis & Arntzen aufgreifen:

- Voraussetzungen des Suggestors;
- Voraussetzungen des zu beeinflussenden Kindes;
- spezifische Kommunikations- und Befragungsmuster mit potentiell suggestiver Wirkung.[155]

6.4.1 Voraussetzungen des Suggestors

Kann man auf der Seite des Suggestors von einer Verhaltensweise sprechen, die in besonders hohem Maße dazu beiträgt, die Suggestibilität eines Kindes zu fördern, so betrifft dies die Voreinstellung des Suggestors (sog. interviewer bias). Wesensmerkmal dieser Voreinstellung ist es, „daß bestimmte, eigentlich erst zu erfragende Sachverhalte tatsächlich passiert sind."[156] Basierend auf dieser Voreinstellung ist die Befragung vorab geprägt. Entsprechend der Theorie der kognitiven Dissonanz erfasst der Suggestor in der Befragung nur diejenigen Auskünfte, die seiner vorgefertigten Hypothese entsprechen. Anders lautende Angaben des Kindes werden übergangen, Alternativhypothesen nicht erstellt. Im Rahmen der Ausgangshypothese werden alle neuen Hinweise „passgerecht" gemacht. Dieses Phänomen bezeichnet man auch als confirmation bias.[157]

Vor allem im Bereich der Fälle sexuellen Missbrauchs von Kindern ist dieses Verhaltensphänomen seitens des Suggestors häufig zu beobachten. Ausgangspunkt ist oftmals die Überinterpretation von so genannten Signalen des Kindes, ohne dass dessen Aussage selbst zur Wertung gekommen ist.[158]

Eine Beeinflussung der Aussagen von Kindern kann aber auch durch den emotionalen Ton der Befragung und/oder das Auftreten und Verhalten des Interviewers erfolgen, wobei diese Verhaltensweisen der befragenden Person ihren Ursprung möglicherweise auch in dessen Voreinstellung haben. Ein weiterer Grund ist die zunehmende Distanz zwischen dem Kind und dem Erwachsenen, wenn dieser ein eher autoritäres Auftreten zeigt und

---

155 vgl. Volbert, Exp. und klinische Hypnose 1999, 55 (58).
156 Volbert, Exp. und klinische Hypnose 1999, 55 (59). vgl. Erdmann 2001, S.5.
157 vgl. Volbert, Exp. und klinische Hypnose 1999, 55 (59). vgl. Erdmann 2001, S.5. vgl. Volbert/Steller 2004, S.708. vgl. Köhnken, MschK 1997, 290 (294).
158 vgl. Volbert, Exp. und klinische Hypnose 1999, 55 (59f). vgl. Erdmann 2001, S.5f.

dem Kind möglicherweise suggeriert, dass die erwachsene Person ihm skeptisch gegenüber steht. Diese Verhaltensweisen korrelieren mit einem Machtverhältnis bzw. Autoritätsgefälle zwischen Kind und Befrager. Da Erwachsene für Kinder in der Regel Autoritätspersonen darstellen, wird deren Kompetenz durch das Kind kaum angezweifelt. Somit kommt es zu einer Situation, in der, wenn die Auffassungen beider Seiten differieren, das Kind von seiner eigenen, wenn auch wahren Aussage abgeht und sich den Aussageerwartungen des Interviewers anpasst. Dieses kindliche Verhalten nimmt zu, je unsicherer das Kind bezüglich seiner eigenen Erinnerungen ist. Außerdem spielt die Art der Beziehung bzw. der Grad der Bekanntheit zwischen beiden Parteien eine nicht zu vernachlässigende Rolle.[159]

6.4.2 Voraussetzungen des zu beeinflussenden Kindes

Da sich sowohl in empirischen Untersuchungen als auch in Praxisfällen die unterschiedliche Resistenz von Kindern gegenüber suggestiven Beeinflussungen gezeigt hat, entstand Klärungsbedarf für das Auftreten solcher Unterschiede.

Teilweise geht man von dem prägenden Element einer persönlichkeitsbezogenen Suggestibilität aus. So wurden in verschiedenen Studien z. B. Temperamentunterschiede als Kriterium herangezogen, wonach gehemmte Kinder im Allgemeinen besser folgen, sich Forderungen weniger entgegenstellen und auch deren Beweggründe kaum hinterfragen. Dies macht sie danach anfälliger für suggestive Einflüsse. Im Gegensatz dazu erhöht sich mit steigender Selbstachtung die Widerstandsfähigkeit gegen derartige Beeinflussungen.[160]

1997 stellten auch Weber & Roebers in einer Studie fest, dass eine Verknüpfung zwischen der Qualität der kindlichen Aussage und persönlichen Merkmalen wie Schüchternheit und Empathie besteht. Dagegen fand sich in den Untersuchungen von Welch-Ross, Diecidue und Miller (1997) ein solcher Zusammenhang nicht bestätigt.[161]

In Anbetracht der stark differierenden Ergebnisse der unterschiedlichen Studien in den vergangenen Jahren kann man nicht vorbehaltlos davon ausgehen, dass sich anhand der Persönlichkeitsmerkmale eines Kindes dessen Aussagesuggestibilität ableiten lässt. Einzelnen Verhaltensweisen,

---

[159] vgl. Erdmann 2001, S.6f.
[160] vgl. Volbert, Exp. und klinische Hypnose 1999, 55 (61). vgl. Erdmann 2001, S.8.
[161] vgl. Weber & Roebers, Welch-Ross, Diecidue, Miller, zit. nach Erdmann 2001, S.8.

wie Nachgiebigkeit, Einbildung etc. dürfte lediglich eine fördernde Tendenz zugesprochen werden, welche individuell erheblich differieren kann.[162]

Im Sinne der kognitiven Erklärungsansätze ist es für die Übernahme im Nachgang suggerierter Fehlinformationen ausschlaggebend, welche individuelle Erinnerungsstärke an den Ausgangssachverhalt im speziellen Fall vorhanden ist. Diese Annahme wird durch folgende Aussage untermauert: Eine ungenügende Resistenz gegen suggestive Einflüsse ist vor allem dann gegeben, wenn die betreffende reelle Begebenheit in der Erinnerung bereits verblasst ist bzw. ungenügend verarbeitet wurde. Außerdem trägt eine zunehmende zeitliche Differenz zwischen der Realsituation und dem Zeitpunkt der Darbietung der Fehlinformation zur Anfälligkeit bei Suggestivbeeinflussung bei. Gerät das Kind in eine Situation, in der keinerlei Erinnerung an einen wiederzugebenden Sachverhalt besteht, aber seitens des Befragers eine Antwort erwartet wird, kommt es häufig dazu, dass diese kognitive Mangelsituation, also die vorhandene Lücke im Gedächtnis durch eine vormals suggerierte Information ausgefüllt wird, da sie der vermeintlichen Originalinformation entspricht.[163]

Ausgehend von der Feststellung, dass im freien Bericht wiedergegebene Inhalte im Gedächtnis stärker präsent sind als solche, die erst auf direktes Nachfragen angebracht werden, leitet sich ab, dass letztere Angaben aufgrund der geringeren Gedächtnisrepräsentation stärker suggestionsanfällig sind. Gleiches gilt für Ereignisse, die von zentraler Bedeutung für ein Kind sind und so stärker im Gedächtnis verankert sind als Sachverhalte, denen geringere Aufmerksamkeit angetragen wurde. Auch eine wiederholte Konfrontation mit der Fehlinformation führt bei der zu beeinflussenden Person zu erhöhten Falschinformationseffekten. Die Möglichkeit der Suggestion wird seitens des Kindes also durch das Zusammenspiel des Grades der Ausgangserinnerung und der Stärke der Fehlinformationen bestimmt.[164]

Weitere Voraussetzungen seitens des zu beeinflussenden Kindes finden sich in sozialpsychologischen Faktoren. Solche Einflüsse können dazu führen, dass trotz einer in der Ausgangssituation korrekten Erinnerung Fehlinformationen übernommen werden. Angenommene Erwartungen oder fehlerhafte Einschätzung der Zuverlässigkeit der eigenen Aussage sind Gründe für ein solches Verhalten. Gerade bei Kindern, die den Ansprüchen

---

[162] vgl. Volbert/Steller 2004, S.711.
[163] vgl. Volbert, Exp. und klinische Hypnose 1999, 55 (62). vgl. Volbert/Steller 2004, S.711.
[164] vgl. Volbert, Exp. und klinische Hypnose 1999, 55 (63).

von Erwachsenen gerecht werden wollen, stellt dies einen ausschlaggebenden Moment dar.[165]

6.4.3 Suggestive Techniken und Kommunikationsmuster

Entscheidenden Anteil an der Übernahme suggerierter Inhalte haben, neben den hier nicht erörterten verschiedenen Formen von Suggestivfragen, suggestive Techniken und Kommunikationsmuster in Form von suggestiven Verhaltensweisen, die direkt oder indirekt, möglicherweise auch in Verknüpfung, auftreten können.

Bei der Betrachtung dieser Techniken muss zunächst eine Unterscheidung zwischen vornehmlich inhaltsbezogenen (direkten) Formen bzw. konfirmatorischen (indirekten) Formen vorgenommen werden. Erstere beziehen sich auf die suggestive Vermittlung von bestimmten Inhalten oder Themen, letztere auf die Neigung, diese Inhalte zu übernehmen und Kenntnisse, welche diesen widersprechen, nicht zu offenbaren.[166]

6.4.3.1 Primär inhaltsbezogene Formen

Drei Formen von Techniken können den Inhalt von Kinderaussagen in direkter Weise erheblich beeinflussen:

Indirekte Vorgabe spezifischer Informationen, beispielsweise durch Hinweise auf Auskünfte anderer Kinder oder durch die Vorgabe fiktiver Geschichten:

> Dabei hat das Kind selbst diese Informationen in seinen bisherigen Ausführungen noch nicht angeführt.
> Möglich ist es ebenfalls, die Informationen in einer an das Kind gerichteten Frage zu integrieren bzw. über geäußerte Hypothesen seitens des Suggestors, diese an das Kind heranzutragen.[167]

Die Induzierung negativer Stereotype bzw. die Vorgabe unspezifischer Informationen, die bestimmte Schlussfolgerungen nahe legen:

> Bei dieser Variante erfolgt die Vermittlung bestimmter Informationen an das Kind dergestalt, dass ihm z. B. mitgeteilt wird, dass die Person, mit der das Kind (vermutlich) eine negative Erfahrung verbindet, sich in Haft befindet oder in sonstiger Weise keinen Zugang

---

[165] vgl. Volbert, Exp. und klinische Hypnose 1999, 55 (63f). vgl. Volbert/Steller 2004, S.711.

[166] vgl. Volbert, Exp. und. klinische Hypnose 1999, 55 (64). vgl. Erdmann 2001, S.15.

[167] vgl. Volbert, Exp. und klinische Hypnose 1999, 55 (64).

mehr zu dem Kind erlangen kann. Die inhaltliche Vorgabe dieser Mitteilung ist so allgemein gehalten, dass die Ausgestaltung der Information durch das Kind von diesem bzw. seinen individuellen Voraussetzungen abhängig ist. So kann im vorgegebenen Fall unter Umständen induziert werden, dass es sich bei der inhaftierten Person in jedem Fall um einen bösen Menschen handelt. Mitteilungen von Kindern, die derartigen suggestiven Einflüssen unterliegen, sind später von Dritten nur schwer zu erkennen.[168]

Dem Kind wird auf diese Weise eine Voreinstellung vermittelt, die es für weitere Formen suggestiver Beeinflussung empfänglicher macht, da analog der Wirkungsweise des Interviewer bias, nunmehr verstärkt Botschaften aufgenommen werden, die mit der vorhandenen Voreinstellung konform laufen.[169]

Aufforderungen zu Spekulationen:

Auch die Aufforderungen zu Spekulationen gehören in die Kategorie der suggestiven Beeinflussungstechniken, die es dem Kind ermöglichen, Fehlinformationen selbst zu entwickeln und dann als eigene wiederzugeben. Eine mögliche Variante ist die Konjunktivfrage (z. B. „Was könnte er gemacht haben?“). Diese Art der Fragestellung bietet vor allem Kindern die Chance, den Anforderungen des Befragers ohne zu lügen zu entsprechen, obwohl die bisher angeführten wahrheitsgemäßen Äußerungen dadurch negiert werden. Oftmals wird der dann im weiteren Gang der Anhörung vorgenommene Wechsel vom Konjunktiv zum Indikativ durch den Vernehmer gerade von kleineren Kindern nicht wahrgenommen. Eine Richtigstellung des Sachverhaltes durch das Kind kann somit nicht mehr erfolgen.[170]

6.4.3.2 Konfirmatorische Strategien

Auch die konfirmatorischen Strategien treten in unterschiedlicher Form auf, wirken jedoch indirekt auf das Kind ein:

Verstärkungen erwünschter oder erwartungskonformer Antworten und Ignorierung widersprechender Informationen:

Der Lernprozess, der durch diese Art der Konditionierungen beim Kind ausgelöst wird, macht dem Kind deutlich, welche Antworten

---

[168] vgl. Volbert, Exp. und klinische Hypnose 1999, 55 (65). vgl. Köhnken 2003c, S.370.

[169] vgl. Erdmann 2001, S.15f. vgl. Köhnken 2003c, S.370.

[170] vgl. Volbert, Exp. und klinische Hypnose 1999, 55 (65). vgl. Köhnken 2003c, S.372f.

von ihm erwartet werden, indem einerseits erwartungskonforme Antworten verstärkt werden, andererseits Aussagen, die nicht in das Bild der befragenden Person passen, negiert werden. In Ausnahmefällen kann dies soweit führen, dass aversive Konsequenzen für nicht erwartungskonformes Verhalten die Folge sind. Eine solche Konsequenz kann sich für Kinder bereits aus lang andauernden oder sich ständig wiederholenden Befragungen ergeben. Um diese Situation zu beenden, werden die Antworten durch das Kind dann so gewählt, dass sie den Erwartungen des Befragers entsprechen. Es kommt damit zu einer negativen Verstärkung derartiger Antworten.[171]

Konformitätsdruck:

Diese Form der suggestiven Einflussnahme tritt vor allem dann auf, wenn die Zahl der (mutmaßlich) betroffenen Kinder größer ist und bei Befragungen dem einzelnen Kind zum einen vorgehalten wird, was andere Kinder in dieser Sache bereits wiedergegeben haben und dies zum anderen in einer positiven bzw. negativen Einstufung hervorgehoben wird. Dies löst bei dem zu befragenden Kind einen Druck bzw. das Verlangen aus, sich den Vorgaben anzupassen.[172]

Wiederholte Befragungen und wiederholte Fragen zu bereits beantworteten Sachverhalten:

Die suggestive Wirkung dieses Befragungsmusters verstärkt sich vor allem dann, wenn Fragen, die durch das Kind bereits beantwortet wurden, innerhalb kurzer Zeit ohne weitere Erörterung nochmals hinterfragt werden, da sich bei dem Kind der Eindruck entwickelt, dass sein vorheriges Antwortverhalten nicht dem entsprach, was erwartet wurde. Hier zeigt sich, dass es hauptsächlich junge Kinder sind, die vornehmlich bei wiederholten geschlossenen Fragen dazu neigen, den Inhalt ihrer Aussage zu variieren. Erschwerend tritt hinzu, dass junge Kinder erfahrungsgemäß auf offene Fragen nicht im nötigen Umfang antworten und daher oft auf den geschlossenen Fragetypus zurückgegriffen wird.[173]

---

171 vgl. Volbert, Exp. und klinische Hypnose 1999, 55 (65). vgl. Erdmann 2001, S.16. vgl. Köhnken 2003c, S.372.

172 vgl. Volbert, Exp. und klinische Hypnose 1999, 55 (66). vgl. Erdmann 2001, S.16. vgl. Köhnken 2003c, S.371f.

173 vgl. Volbert, Exp. und klinische Hypnose 1999, 55 (66). vgl. Erdmann 2001, S.17. vgl. Köhnken 2003c, S.370f.

Befragungen durch mehrere Personen mit ähnlicher Voreinstellung:

Bis sich das erkennende Gericht ein Urteil über die Glaubhaftigkeit einer kindlichen Zeugenaussage gebildet hat, kann unter Umständen ein sehr langer Zeitraum vergehen, währenddessen das Kind von zahlreichen Personen dazu angehalten wird, den konkreten Sachverhalt wiederzugeben. Der Personenkreis erstreckt sich gegebenenfalls von nahen Angehörigen über befragende Polizeivollzugsbeamte, sachverständige Gutachter bis hin zum Richter selbst. Dabei ist es nicht selten, dass diese Menschen mit der gleichen Voreinstellung an die Befragung des Kindes herantreten. Mit zunehmender Zahl derjenigen, die für das Kind merklich, eine andere Auffassung vertreten, als vom Kind selbst geäußert wird, steigt die Wahrscheinlichkeit, dass sich das Kind von seiner eigenen Ansicht abwendet, um den Erwartungshaltungen der anderen zu entsprechen.[174]

Eine 1998 durchgeführte Studie von Garven, Wood, Malpass und Shaw ließ bezeichnender Weise erkennen, dass es nicht die bloße Formulierung von Suggestivfragen ist, die dazu führt, dass Kinder mehr suggerierte Angaben bei einer Befragung machen, sondern dass dies vor allem durch die Kombination verschiedener suggestiver Techniken bewirkt wird, also ein kumulativer Effekt auftritt.[175]

6.5 Differenzierung zwischen wahren und suggerierten Aussagen

Lediglich die Feststellung, dass suggestive Bedingungen im konkreten Fall vorgelegen haben genügt nicht für die Annahme, dass die Aussage auch tatsächlich suggestive Elemente enthält. Daher stellt sich die Frage, ob ein vermeintlich suggestiv beeinflusster Bericht qualitative Unterschiede zu einer wahren Aussage aufweist. Dabei ist die Tatsache nicht zu leugnen, dass sich erlebnisbegründete und suggerierte Aussagen in ihrem zeitlichen Verlauf unterscheiden. Suggerierte Aussagen entstehen erst auf der Basis suggestiver Einflussnahme und haben eine größere Unbeständigkeit, da sie sich durch eben diese Einflüsse verändern lassen.[176] Somit ist der entscheidende Moment bei der Identifizierung von suggestiven Beeinflussungen in Aussagen der Rückgriff auf die Analyse der Aussagegenese (Aussageentstehung und -entwicklung) unter Beachtung der situativen Einflüsse und personalen Gegebenheiten des Zeugen.[177]

---

[174] vgl. Volbert, Exp. und klinische Hypnose 1999, 55 (67).

[175] vgl. Garven, Wood, Malpass & Shaw, zit. nach Volbert, Exp. und klinische Hypnose 1999, 55 (68). und Erdmann, 2001, S.18.

[176] vgl. Volbert/Steller 2004, S.717.

[177] vgl. Endres/Scholz/Summa 1997, S.194. vgl. Volbert/Steller 2004, 717f.

6.5.1 Analyse der Aussagegenese

Bezogen auf die kindliche Aussage bedeutet dies, dass eine Analyse erfolgt, unter welchen Bedingungen die Aussage entstanden ist und wie sie sich im Laufe der Zeit, d. h. zwischen der Erstaussage und der abschließenden gutachterlichen oder richterlichen Vernehmung entwickelt hat. Nicht zwingend erforderlich ist dabei, dass die Erstaussage gegenüber einer staatlichen Verfolgungsbehörde getätigt wurde. Als Erstaussage in diesem Sinn kommt jede Äußerung des Kindes gegenüber einer anderen Person (z. B. Eltern) in Betracht. Diese müssen somit zwangsläufig in die Betrachtung einbezogen werden.

Nicht immer verläuft eine solche Überprüfung unkompliziert. Gesichtspunkte, die sich als problematisch in der Aussageentstehung und -entwicklung erweisen können, sind beispielhaft folgender Natur:

Tab. 4. Auswahl „problematischer“ Bedingungsgrößen in der Aussage-entstehung und -entwicklung[178]

Aussageentstehung	*Erstmitteilung nicht spontan oder assoziativ* *Erstmitteilung erst auf direkte Befragung von seiten Dritter* *Erstmitteilung auf dem Hintergrund sozialen Erwartungsdrucks (z. B. bei Gruppenaussagen)* *Negative psycho-soziale Beziehung zwischen Erstmitteilungsempfänger und Beschuldigten (z. B. Trennungsauseinandersetzungen)*
Aussage-entwicklung	*Suggestive Befragungen im Vorfeld der formellen Erstaussage / begutachtungsrelevanten Aussage* *Einseitige Hypothesenbildung früherer Befrager* *Unangemessene Atmosphäre bei Vorbefragungen (z. B. Erwartungsdruck)* *Wiederholte thematisch einseitige Vorbefragungen (z. B. „Aufdeckungsgespräche“)*

Sind Anhaltspunkte für das Vorliegen solcher Bedingungsgrößen ersichtlich, bietet das Anlass für die Annahme, dass zumindest die Möglichkeit nahe liegt, dass beeinflussende Faktoren auf die Aussage des Kindes eingewirkt haben.

[178] Greuel 1997, S. 213.

6.5.2 Situative Einflüsse und personale Voraussetzungen[179]

Milieu des Zeugen:

Aus dem Lebenskreis des Kindes lassen sich oftmals Hinweise auf suggestive Einflüsse ableiten.

Befragungen von Personen aus dem Umfeld des Kindes, die als Sugestor in Frage kommen, sind als Vergleich zu den Aussagen des Kindes heranzuziehen. Kinderaussagen, die auf erlebnisbegründeten Ereignissen basieren unterscheiden sich in ihren Formulierungen von den Aussagen des Suggestors zum gleichen Sachverhalt. Gegen eine suggestive Einflussnahme spricht es, wenn die kindlichen Aussagen in ihrem Umfang weitreichender sind als die des vermeintlichen Suggestors.

Ergeben sich aus der Befragung des Kindes Anzeichen für eigene Motivationen des fraglichen Handels, die z. B. den vermutlichen Täter entlasten oder die kindliche Beteiligung als schuldhaft hervorgerufen sieht, also eine den Täter entlastende Version zum Ausdruck bringt, gibt dies Anhaltspunkte für suggestive Beeinflussung durch Dritte.

Ein weiterer wichtiger Gesichtspunkt ist die Ausgestaltung der kindlichen Aussage an sich. Erläuterungen, Veranschaulichungen, Präzisierungen etc., die z. B. dazu dienen, Lücken aus bisherigen Befragungen zu schließen oder Ungereimtheiten zu erklären, deuten auf erlebnisbegründete Informationen hin. Fehlt bei Suggestivangaben der unterstützende Hintergrund des Suggestors, kann das Kind aufgrund fehlenden Einfallsreichtums und altersbedingten Mängeln in der Intelligenz diese Lücken nicht ohne weiteres aus eigenem Antrieb schließen.

Feinmerkmale der Aussage:

Diverse Feinmerkmale in der Aussage eines Kindes beruhen ausschließlich auf eigenen Erfahrungen.

Eines dieser Feinmerkmale ist das Auftreten von Eigenreaktionen, die für Kinder typisch sind, z. B. „Ich habe mir hinterher immerzu den Mund ausgespült, das schmeckte so fies – der sagte aber, das schmeckt wie Bonbon - das tut es ja gar nicht, pfui Teufel!“

Ebenso haben eng auf die Erscheinung beschränkte Angaben einen derartigen Hinweischarakter. Dies zeigt sich z. B. indem Wahrneh-

[179] vgl. Michaelis-Arntzen 1997, 207ff.

mungen aus Bereichen, die dem Kind bislang fremd waren, mittels Vergleichen wiedergegeben werden, die der kindlichen Erfahrungswelt entsprechen.

Weiterhin bilden Informationen, die die direkte kindliche Wahrnehmungs- und Erlebniswelt betreffen, z. B. Geruchs- und Geschmackswahrnehmungen oder solche, die den Tastsinn betreffen, die Basis für die Wiedergabe eines realen Geschehens.

Verhalten des Kindes bei seiner Aussage:

Werden durch das Kind statt einer verbalen Wiedergabe des Erlebten Zeichnungen gefertigt oder wird das Ereignis handelnd nachvollzogen, so stellt dies ein für Kleinkinder typisches Verhaltensmuster dar (vgl. Punkt 4.2.1, S.26). Bei zahlreichen Befragungen von Kleinkindern kommt es zudem zu relativ unzusammenhängenden Äußerungen. Ausschlag gebend ist dabei das sich ergebende Gesamtbild. Lassen sich die einzelnen Aussagefragmente zu einem geordneten und nach-vollziehbaren Geschehensablauf zusammenfügen, spricht dies in erhöhtem Maß für eine wahrheitsgemäße Aussage.

Kindliche Gefühls- und Verhaltensreaktionen:

Gewisse Reaktionen von Kindern auf tatsächliche Erlebnisse lassen sich nicht mittels suggestiver Einflussnahme injizieren. Gerade spontane, unbeabsichtigte kindliche Kommentare oder Verhaltensauffälligkeiten in Situationen, die das Kind mit dem zu untersuchenden Ereignis verbindet, geben solche Hinweise, z. B. Ekel beim Entkleiden des wenige Monate alten Bruders. Dazu gehört auch die Nachahmung von Situationen, die vom Kind unverstanden blieben (vgl. Punkt 5.4.2, S.39ff.).

6.5.3 Einbeziehung anderer Diagnoseverfahren

In Anbetracht der differenzierenden Erörterungen zu den diversen aussagepsychologischen Konstrukten ist kritisch zu hinterfragen, ob Methoden, die der Überprüfung anderer Hypothesen dienen, auch für eine Kontrolle von Suggestivaussagen herangezogen werden können.
Ein solcher Weg wäre z. B. die Überprüfung mittels der Methode der merkmalsgestützten Aussageanalyse anhand der so genannten Realkennzeichen. Wie bereits erörtert, ist es möglich anhand dieser Realkennzeichen die Unterscheidung von erlebnisbegründeten und erfundenen Aussagen vorzu-

nehmen. Es existiert jedoch bisher noch keinerlei theoretische oder empirische Nachweisführung, dass diese Realkennzeichen auch dazu geeignet sind, suggerierte Aussagen, wenn auch nur in Teilen, zu erkennen.[180] Eine Untersuchung von Böhm aus dem Jahr 2002 an Grundschulkindern zeigt indes, dass sich im Hinblick auf das Vorhandensein von Glaubhaftigkeitsmerkmalen suggerierte und erlebnisbegründete Aussagen nur unwesentlich voneinander unterscheiden. Frühere Untersuchungen von Crotteau (1994) und Bruck et al. (1997) kommen zu ähnlichen Ergebnissen. Es gibt also bei der Differenzierung zwischen erlebnisbegründeten und suggerierten Aussagen, anders als bei erlebnisbegründeten und gelogenen Schilderungen, keine erheblichen qualitativen Unterschiede.[181]

Lassen sich suggestive Einflüsse erkennen, hat dies in der weiteren Folge auch Auswirkungen auf die Beurteilung der Glaubhaftigkeit der Aussage mittels der kriterienorientierten Aussageanalyse, da die Basis für die Anwendung dieser Methode bei Suggestivbeeinflussung der Aussage nicht mehr vorhanden ist. Weil das Kind, so es die suggestiven Falschinformationen übernommen hat, trotzdem vom Wahrheitsgehalt seiner Aussage überzeugt ist, kann für diese Aussage nicht mehr angenommen werden, dass sich diese suggerierte Aussage von der erlebnisbegründeten in den gleichen Merkmalen unterscheidet wie eine erlebnisbegründete von einer unwahren Aussage.[182]

Es besteht aber zumindest die Möglichkeit, eine Aussage von hoher Qualität, die auf ein realitätsbegründetes Erleben hinweist, zunächst auf suggestive Einflüsse zu prüfen. Ergibt diese erste Analyse keine oder nur geringe Anzeichen von suggestiver Einflussnahme, kann die Methode der merkmalsgestützten Aussageanalyse Anwendung finden. Sind die vermuteten oder erkennbaren suggestiven Einflüsse mehr als hoch einzuschätzen und es ist demnach nicht auszuschließen, dass die Aussage suggestive Elemente enthält, ist diese Vorgehensweise ausgeschlossen. Da es keine verlässlichen Aussagen darüber gibt, wie sich derartige Suggestionseinflüsse auf eine Aussage, auch von noch so hoher Qualität, auswirken, kann im Ergebnis nur festgestellt werden, dass eine unter diesen Voraussetzungen entstandene Aussage mit psychologischen Verfahren nicht mehr begutachtungsfähig ist[183] (vgl. Abbildung 1).

[180] vgl. Greuel 1997, S.214. vgl. Endres/Scholz/Summa 1997, 194.
[181] vgl. Volbert/Steller 2004, S.717.
[182] vgl. Köhnken 2003c, S.373f.
[183] vgl. Greuel 1997, S.214ff.

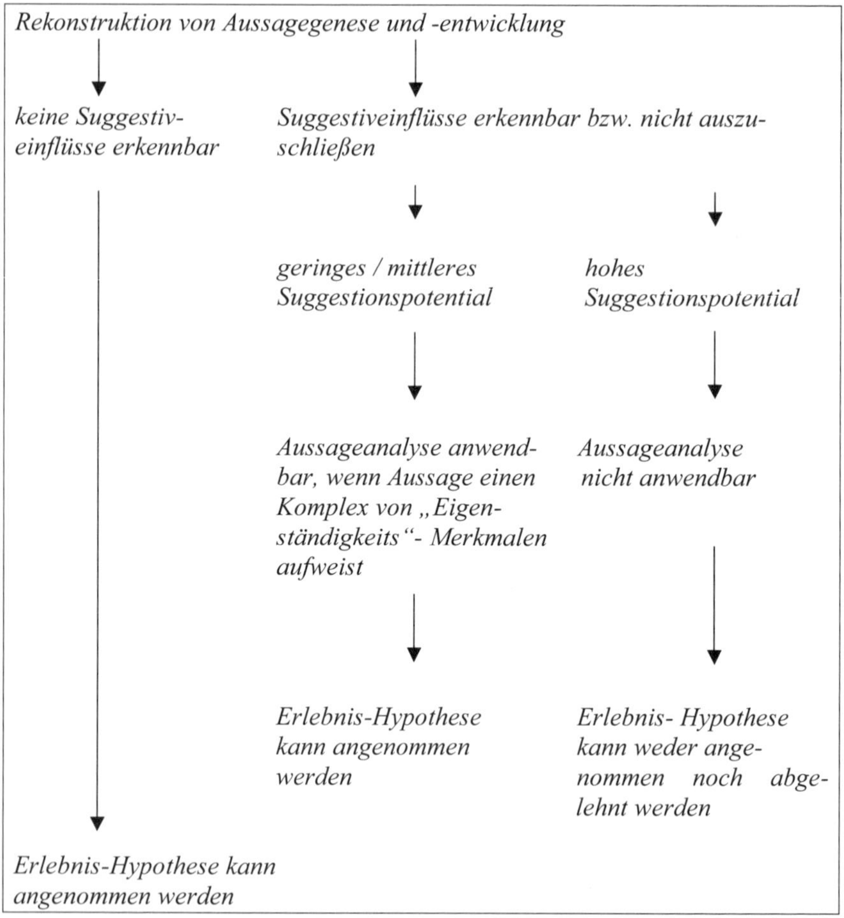

Abb. 1. Diagnostische Strategien der Glaubhaftigkeitsbeurteilung in Abhängigkeit von der Aussageentwicklung[184]

6.6 Suggestibilität und Alter des Kindes

Dass Suggestibilität nicht nur ein Phänomen ist, welches bei Kindern auftritt, sondern auch Erwachsene beeinflussenden Faktoren ausgesetzt und für diese anfällig sind, haben diverse Studien (z. B. Loftus, 1979) gezeigt. Es

[184] Greuel 1997, S.216.

ist jedoch nicht von der Hand zu weisen, dass eine gesteigerte Empfänglichkeit für suggestive Einflüsse bei jüngeren Kindern vorhanden ist.[185]

Stern geht davon aus, dass die geistige Reife, die für die Zugänglichkeit bzgl. Suggestionen notwendig erscheint, etwa ab der Mitte des zweiten Lebensjahres ausgebildet ist und somit dann erste Suggestionsphänomene auftreten. Den Grund für diese frühe Beeinflussbarkeit sieht er u. a. in der Abhängigkeit des Kleinkindes von seiner Umwelt und dem Mangel an Kritikfähigkeit. Mit zunehmender geistiger Entwicklung und Selbständigkeit sinkt die Bereitschaft zur Übernahme suggerierter Inhalte.[186]

Michaelis weist darauf hin, dass bei Kleinkindern stets von einer erhöhten Suggestibilität auszugehen ist, dieses aber bei Grundschulkindern viel seltener erforderlich ist, da sie suggestionsfester sind, unbefangen berichten und sich selten irritieren lassen.[187]

Auch Untersuchungen von Ceci und Bruck (1993) haben gezeigt, dass es vor allem Kinder unter 6 Jahren sind, die in erhöhtem Maße ungünstig auf Suggestionen reagieren. Dabei ist die Gruppe der 3- und 4jährigen besonders betroffen. Kritisch ist im Bezug auf diese Untersuchung anzumerken, dass die Befragung der Kinder oftmals nur zu neutralen Ereignissen erfolgte und für die kindlichen Probanden persönlich wenig bedeutsam waren. Außerdem wurden von der beeinflussenden Seite nur wenige und schwache suggestive Einflüsse/Techniken verwandt. Dies bot eine schlechte Basis für den Vergleich mit der Praxis. Unter teilweiser Berücksichtigung dieser Mängel kamen neuere Studien zu gleichen Ergebnissen, so dass sich eine Bestätigung der ersten Ergebnisse ergab (z. B. Bruck & Ceci, 1997a, 1997b, 1999; Bruck et al., 1998).[188] Aus diesen Resultaten kann jedoch nicht grundlegend geschlussfolgert werden, dass jüngere Kinder unzuverlässige Zeugen sind. Da sich bei dieser Altersgruppe andere bereits beschriebene entwicklungspsychologische Aspekte günstig auswirken, steht man ihren Spontanäußerungen grundsätzlich positiv gegenüber.[189]

Dagegen stellen andere Untersuchungen (z. B. Brainerd, Reyna, Howe & Kingma, 1990; Templeton und Wilcox, 2000) einen direkten Zusammen-

[185] vgl. Undeutsch 1967, S.70. vgl. Michaelis 1970/1, S.49.

[186] vgl. Stern 1952, S.420.

[187] vgl. Michaelis 1970/1, S.51.

[188] vgl. Ceci & Bruck, zit. nach Volbert, Exp. und klinische Hypnose 1999, 55 (71). Erdmann 2001, S.9. und Volbert/Steller 2004, S.712f.

[189] vgl. Endres/Scholz/Summa 1997, S.192f.

hang zwischen Alter und Suggestibilität in Frage. Sie verweisen vielmehr auf eine Beziehung zwischen Alter und Vergessen sowie zwischen Vergessen und Suggestibilität, weil die Verarbeitung und Speicherung von Informationen bei jüngeren Kindern normalerweise geringer ausfällt als bei älteren Kindern. Die höhere Empfänglichkeit jüngerer Kinder für suggestive Einflüsse resultiert demnach aus der bei diesen geringer ausgebildeten Fähigkeit, Informationen effektiv zu verarbeiten und Sachverhalte zusammenhängend wiederzugeben bzw. zu deuten. Des Weiteren kommt es bei jüngeren Kindern des Öfteren zu Vermischungen verschiedener Ereignisse und die Vergessenrate ist höher.[190]

Sullivan & Howe (1995) führen ergänzend aus, dass es jungen Kindern noch gar nicht in den Sinn kommt, dass eine Erinnerung falsch sein könnte, sondern dass diese grundsätzlich davon ausgehen, dass jede Erinnerung der Wahrheit entspricht und diese auf eigenen Erfahrungen beruht. Somit erhöht sich auch durch die Tatsache, dass jüngere Kinder noch nicht einmal die Möglichkeit in Erwägung ziehen, dass es periphere Einflüsse gibt, die ihre Gedächtnisleistung beeinträchtigen können, deren Anfälligkeit für Suggestionen, da somit auch keine Bedenken an der Exaktheit der eigenen Angaben besteht.[191]

Folglich kann allein das Alter des Kindes, ohne begleitende Untersuchung der entwicklungspsychologischen Eigenschaften und kognitiven Fähigkeiten, nicht der ausschlaggebende Faktor für die Anfälligkeit gegenüber suggestiven Einflüssen sein.

6.7 Einfluss von Zeitpunkt und Häufigkeit der Präsentation falscher Informationen

In mehreren Untersuchungen (Dippold & Zietlow, 1996; Warren & Lane 1995; Tucker, Mertin & Luczsz, 1990) ließ sich nicht nur der erhebliche Einfluss auf das Aussageverhalten nachweisen, der durch die Wiederholung einer Fehlinformation entsteht, sondern auch der Einfluss, den der Zeitpunkt der Präsentation der Falschinformation hat. So wird darauf hingewiesen, dass die Möglichkeit nicht von der Hand zu weisen ist, dass „einzelne späte suggestive Befragungen stärkere negative Effekte als wiederholte frühe, und wiederholte späte suggestive Befragungen besonders

---

[190] vgl. Brainerd, Reyna, Howe & Kingma; Templeton & Wilcox, zit. nach Volbert, Exp. und klinische Hypnose, 1999, 55 (71f). und Erdmann, 2002, 10ff.

[191] vgl. Sullivan & Howe, zit. nach Volbert, Exp. und klinische Hypnose 1999, 55 (72). und Volbert/Steller 2004, 712.

ausgeprägte Suggestionseffekte“[192] haben. Problematisch erweist sich für einen Rückschluss von den Studien auf die Praxis, dass die bisher systematisch untersuchten Zeitintervalle sehr viel kürzer sind als die Zeitabläufe in der Praxis. Oftmals vergehen in der Realität Wochen oder sogar Jahre zwischen dem fraglichen Ereignis und der ersten Befragung des Kindes. Dies lässt erahnen, dass das wirkliche Ausmaß des Einflusses des Zeitpunkts der Fehlinformation faktisch erheblich größer ist als in den angeführten Studien bezeichnet.[193]

Einen entscheidenden Faktor bezüglich der Suggestibilität bildet dabei die Stärke der Gedächtnisspuren. An dieser Stelle kann auf die Ausführungen zu Punkt 6.4.2 (S.54f.) verwiesen werden.

Hinsichtlich eines Zusammenhangs zwischen der Häufigkeit der Präsentation von Originalinformationen und der Stärke der Gedächtnisspur lässt sich ergänzend anführen, dass auch hier ein positiver Zusammenhang besteht, welcher sich auf die Suggestionsanfälligkeit derart auswirkt, dass die Resistenz gegenüber suggestiven Einflüssen steigt, je öfter die Originalinformation dargeboten wird und somit stärker im Gedächtnis verankert ist. Es ist jedoch zu beachten, dass bei gleichlaufender vielfacher Darbietung von Falschinformationen, z. B. durch wiederholte Befragungen, dieser positive Effekt kippen kann und sich die Suggestibilitätsanfälligkeit wieder erhöht.[194]

6.8 Hinweise für die polizeiliche Praxis

Oft bietet sich im polizeilichen Alltag nicht die Möglichkeit, im Vorfeld einer Vernehmung die genauen Umstände des angezeigten Sachverhaltes zu ergründen. Sollte sich jedoch die Chance dazu ergeben, wäre es ratsam bereits vor der Anhörung des Kindes den bisherigen Werdegang des Geschehens möglichst lückenlos und umfassend zu recherchieren und zu hinterfragen. Denn schon hier lassen sich Anzeichen für mögliche suggestive Faktoren erkennen, so dass der Beamte sich in Vorbereitung der Vernehmung auf diesen Fakt bereits einstellen kann.

Besondere Anhaltspunkte, die auf eine bereits stattgefundene suggestive Einflussnahme hindeuten, können sein[195] (vgl. auch Pkt. 6.5.2, S.63f.):

---

[192] Volbert, Exp. und klinische Hypnose 1999, 55 (66).
[193] vgl. Volbert, Exp. und klinische Hypnose 1999, 55 (66f).
[194] vgl. Erdmann 2001, 60f.
[195] vgl. Volbert, Exp. und klinische Hypnose 1999, 55 (72).

Derjenige, der zuerst eine Aussage vom Kind erhalten hat (z. B. Eltern, andere Verwandte, Bekannte, Freunde) weist eine spezifische Voreinstellung auf:

Sollten sich in einer ersten Befragung dieser Personen diesbezüglich Hinweise ergeben, ist ein derartiger Umstand in einer separaten Zeugenvernehmung abzuklären (z. B. Hintergründe der Voreinstellung, Einflussnahme auf das Kind) und aktenkundig zu machen.

Wiederholte Befragungen im Vorfeld der polizeilichen Vernehmung (ggf. auch durch verschiedene Personen mit ähnlicher Voreinstellung):

In der Mehrzahl der Fälle wird die Anzeige zunächst bei der Polizei erstattet. Diese wird durch den Beamten im Anzeigendienst oder Schichtbeamte aufgenommen. Zuvor haben sich erfahrungsgemäß bereits die Angehörigen mit dem Kind über das Geschehen unterhalten. Da es sich bei Sachverhalten, in denen Kinder involviert sind, oft um schwerwiegendere Delikte handelt (z. B. Misshandlungen; Sexualdelikte), folgt eine weitere Vernehmung durch die Ermittlergruppe oder das Fachkommissariat der Kriminalpolizei. Wie vorab bereits beschrieben, bildet dies oft die Grundlage für Veränderungen im Aussageverhalten von Kindern, da sie sich dem Druck erlegen fühlen, den Aussageerwartungen der Erwachsenen zu entsprechen und an ihren eigenen Angaben zu zweifeln beginnen. Je nachdem, an welcher Stelle sich der vernehmende Beamte in die Kette der fragenden Personen eingliedert, hat er seine Position im Gesamtgebilde zu beachten und diesbezügliche Schlussfolgerungen zu ziehen.

Eine erste Äußerung des Kindes erfolgt erst nach mehreren Befragungen:

Dabei sollte sich für jeden vernehmenden Beamten sogleich die Frage nach dem Grund dieses Sinneswandels stellen.

Eine zunächst sehr ungenaue, inkonsistente Aussage entwickelt im Laufe der Befragungen zunehmende Konstanz und Überzeugung;

Die Aussage enthält phantastische, objektiv unmögliche Elemente:

Auch zu dieser Thematik liegen bereits Ausführungen vor. Wiederholt sei angemerkt, dass Kinder zwar einen gewissen Hang zum Phantasieren aufweisen, dieser aber bei weitem nicht so ausgeprägt ist, wie allgemein angenommen. Daher drängt sich bei Vorliegen derartiger Aussageelemente die Frage nach den Gründen auf.

Besondere Bedeutung erlangen diese Punkte, wenn zwischen Befragung und dem vermutlichen Vorfall ein längerer Zeitraum vergangen ist und das Kind zum vermeintlichen Tatzeitpunkt noch sehr jung war.[196]

[196] vgl. Volbert, Exp. und klinische Hypnose 1999, 55 (72).

7. Fazit

Vielen Polizeivollzugsbeamten kommt die einleitend geschilderte Situation bekannt vor, denn die Bedeutung des Personalbeweises ist auch ihnen aufgrund ihrer täglichen Ermittlungsarbeit bzw. durch ihre Funktion als Zeuge vor Gericht bewusst. Die tragende Rolle der Arbeit der Beamten verdeutlicht sich zunehmend in Anbetracht der Ergebnisse der Ausführungen zu den geschichtlichen Aspekten der Sachverständigentätigkeit auf dem Gebiet der Aussagepsychologie. Es zeigt sich zwar, dass sich das Ansehen der Sachverständigen zum positiven entwickelt hat und ihre Integration in die gerichtliche Beweisführung in Form der Begutachtung kindlicher Zeugen erfolgt ist. Dies geschieht jedoch nur unter besonderen Umständen. Die Anmerkungen zur Häufigkeit der Begutachtungen und zu deren Stellenwert lassen in Ermangelung ausreichenden Vergleichsmaterials bzw. aufgrund differierender Ergebnisse nur erahnen, dass ein sachverständiger Gutachter nicht in allen Fällen tätig bzw. seine Arbeit im Rahmen der Urteilsfindung gewürdigt wird, in denen es angebracht wäre. Gerade bei diesen Sachverhalten (ohne Einbeziehung eines Gutachters) sind die Gerichte in erheblichem Maß auf die Zuarbeit der Polizei angewiesen. Dies setzt voraus, dass die sachbearbeitenden Beamten zumindest grundlegende Kenntnisse zu bestimmten Aspekten der Aussagepsychologie besitzen, damit eine optimale Beweiserhebung garantiert ist. Die Vielschichtigkeit der aussagepsychologischen Konstrukte macht diese Aufgabe nicht leichter.

Es hat sich gezeigt, dass die unterschiedlichen kindlichen Entwicklungsphasen von bestimmten entwicklungspsychologischen Phänomenen geprägt sind. So sind es die Jüngsten (Vier- bis Sechsjährigen), die durch ihre Unmittelbarkeit, Vorbehaltlosigkeit und Geradlinigkeit durchaus gute Zeugen abgeben. Negative Aspekte wie Defizite im kommunikativen Bereich werden durch nonverbale Fähigkeiten oftmals ausgeglichen. Ist sich der Beamte über Stärken und Schwächen dieser Altersgruppe im Klaren, kann er dies in seine Überlegungen einbeziehen und Schlussfolgerungen für sein Vorgehen in der Anhörung ableiten.

Gleiches gilt für die Gruppe der Grundschulkinder. Diese sind bereits bessere Beobachter und auch von verbaler Seite stärker einzustufen. Außerdem nimmt das Erinnerungsvermögen enorm zu. Das gilt jedoch auch für das Täuschungsverhalten.

In der Phase der Vorpubertät kommt es zur geschlechtsspezifischen Betrachtung der Kinder. Vor allem die weiblichen Zeuginnen entwickeln aufgrund sich neu formierender zwischenmenschlicher Beziehungen

Hemmungen, sie distanzieren sich häufiger, reagieren emotionaler. Jungen in diesem Alter gelten allgemein als sehr zuverlässige Zeugen.

Die Analyse der aussagepsychologischen Konstrukte der Glaubhaftigkeit und Suggestibilität hat die Unterschiede zwischen erlebnisbegründeten und unwahren bzw. suggerierten Aussagen verdeutlicht. Der kurze Einblick in die diagnostische Forschungsarbeit ließ erkennen, dass Kriterien existieren, anhand derer relativ zuverlässig eine solche Differenzierung vorgenommen werden kann. Es sind keinesfalls die Analyseverfahren in ihrer Gesamtheit, die Anspruch darauf erheben, in der polizeilichen Vernehmungspraxis umgesetzt zu werden. Aber es ist festzustellen, dass es viele Aspekte gibt, die auch für die polizeiliche Arbeit Relevanz haben. Vor allem die Ausführungen zu den Bedingungen für das Auftreten von Suggestionseffekten haben verdeutlicht, welche nicht immer Berücksichtigung findenden Ursachen suggestive Aussagen hervorrufen können.

Sowohl die Motivlage des Kindes bei unwahren Aussagen als auch die Analyse der Bedingungen für das Auftreten von Suggestionseffekten machen deutlich, dass sich der Horizont des Betrachters vor allem bei kindlichen Zeugen in diese Richtungen erweitern muss. Denn der Blick in das Umfeld kann sich durchaus als lohnenswert erweisen, um neue Ansatzpunkte bzgl. der Beurteilung der Glaubhaftigkeit und Suggestibilität kindlicher Zeugenaussagen zu erlangen. Dabei schließt sich der Kreis zu den entwicklungspsychologischen Eigenschaften von Kindern, die diesbezüglich oftmals die Basis für das Auftreten von Suggestionseffekten bilden bzw. Motive der Kinder bedingen.

Abschließend kann angemerkt werden, dass die Integrierung entwicklungspsychologischer Aspekte in die polizeiliche Vernehmungslehre dazu führen könnte, dass der Beamte mehr Verständnis für die Eigenart des kindlichen Denkens, Handelns und Erlebens entwickelt. So kann neben den daraus resultierenden Vorteilen für seine Arbeit auch für die oftmals verängstigten oder traumatisierten Kinder professionelle Hilfe angeboten werden, das Erlebte wiederzugeben. Die Vorteile der Einbindung von Gesichtspunkten der Aussagepsychologie sind gleichfalls offensichtlich, müssten aber in geeigneter Form für den Polizeigebrauch „aufgearbeitet“ werden.

Abkürzungsverzeichnis

BGHSt	-	Entscheidungen des Bundesgerichtshofes in Strafsachen
DRiZ	-	Deutsche Richterzeitung
JGG	-	Jugendgerichtsgesetz
JR	-	Juristische Rundschau
JuSchG	-	Jugendschutzgesetz
JZ	-	Juristenzeitung
MSchrK	-	Monatsschrift für Kriminologie und Strafrechtsreform
NJW	-	Neue Juristische Wochenschrift
NStZ	-	Neue Zeitschrift für Strafrecht
RiStBV	-	Richtlinien für das Strafverfahren und das Bußgeldverfahren
StGB	-	Strafgesetzbuch
StPO	-	Strafprozessordnung
ZStW	-	Zeitschrift für die gesamte Strafrechtswissenschaft

Literaturverzeichnis

Arnzten, Friedrich (1951): "Die Glaubwürdigkeit von Kinderaussagen bei polizeilichen Vernehmungen." In: Kriminalistik, 19/20 / 1951, 197-199.

Balloff, Rainer (2002): „Glaubhaftigkeitsuntersuchung und diagnostischer Erkenntnisprozess in Fällen sexuellen Missbrauchs." In: Bange, Dirk; Wilhelm Körner (Hrsg.): Handwörterbuch Sexueller Missbrauch. Göttingen: Hogrefe Verlag für Psychologie, 162-171.

Beck'sche Kurz-Kommentare (^{48}2005). Strafprozessordnung. Gerichtsverfassungsgesetz, Nebengesetze und ergänzende Bestimmungen. 6.Bd.München: Verlag C.H.Beck.

Bender, Rolf; Susanne Röder (1981): Tatsachenfeststellung vor Gericht. Vernehmungslehre. Bd.2. München: C.H.Beck

Busse, Detlef; Renate Volbert (1997): „Glaubwürdigkeitsgutachten im Strafverfahren wegen sexuellen Missbrauchs. Ergebnisse einer Gutachtenanalyse." In: Greuel, Luise; Thomas Fabian; Michael Stadler (Hrsg.): Psychologie der Zeugenaussage. Ergebnisse der rechtspsychologischen Forschung. Weinheim: Psychologie Verlags Union, 131-142.

Dettenborn, Harry (1988): Täter Opfer Zeuge. Streifzüge durch die Gerichtspsychologie. Berlin: VEB Deutscher Verlag der Wissenschaften.

Endres, Johann; Oskar Berndt Scholz; Donata Summa (1997): „Aussagesuggestibilität bei Kindern. Vorstellung eines neuen diagnostischen Verfahrens und erste Ergebnisse." In: Greuel, Luise; Thomas Fabian; Michael Stadler (Hrsg.): Psychologie der Zeugenaussage. Ergebnisse der rechtspsychologischen Forschung. Weinheim: Psychologie Verlags Union, 189-204.

Erdmann, Katja (2001): Induktion von Pseudoerinnerungen bei Kindern. Möglichkeiten und Grenzen aussagepsychologischer Diagnostik bei suggerierten Aussagen. Regensburg: S. Roderer Verlag.

Fegert, Jörg, M. (1997): „Die Bedeutung des Vorwurfs des sexuellen Mißbrauchs im Sorgerechtsverfahren.“ In: Andreas Warnke; Götz-Erik Trott; Helmut Remschmidt (Hrsg.): Forensische Kinder- und Jugendpsychiatrie. Ein Handbuch für Klinik und Praxis. Bern [u. a.]: Verlag Hans Huber, 70-81.

Fischer, Thomas (1994): "Glaubwürdigkeitsbeurteilung und Beweiswürdigung. Von der Last der „ureigenen Aufgabe“.“ In: Neue Zeitschrift für Strafrecht, 1/1994, 1-5.

Geisler, Erika (1959): Das sexuell missbrauchte Kind. Göttingen: Verlag für medizinische Psychologie.

Greuel, Luise (1997): „Suggestibilität und Aussagezuverlässigkeit: ein (neues) Problem in der forensisch-psychologischen Praxis?“ In: Greuel, Luise; Thomas Fabian; Michael Stadler (Hrsg.): Psychologie der Zeugenaussage. Ergebnisse der rechtspsychologischen Forschung. Weinheim: Psychologie Verlags Union, 211-220.

Greuel, Luise (2003): „Polizeiliche Vernehmung und rechtspsychologische Grundlagen.“ In: Lorei, Clemens (Hrsg.): Polizei & Psychologie. Kongressband der Tagung „Polizei & Psychologie“ am 18. und 19. März 2003 in Frankfurt am Main. Frankfurt: Verlag für Polizei & Wissenschaft, 77-96.

Janetzke, (o.V.) (1958): "Die Beweiserhebung über die Glaubwürdigkeit des Zeugen im Strafprozeß.“ In: Neue Juristische Wochenschrift. 14/15 / 1958, 534-535.

Klitzing von, Kai (1990): „Glaubwürdigkeitsbegutachtung von Kindern und Jugendlichen in der Frage des sexuellen Missbrauchs.“ In: Acta Paedopsychiatrica. 53/1990, 181-191.

Knögel, (o.V.) (1953): "Zuziehung eines Sachverständigen über die Glaubwürdigkeit einer kindlichen Zeugin bei Sittlichkeitsverbrechen?“ In: Deutsche Richterzeitung. 8/1953, 142.

Kohlhaas, Max (1951): „Die Glaubwürdigkeit der Kinderaussage und ihre Überprüfung durch Sachverständige.“ In: Neue Juristische Wochenschrift. 23/1951, 903-905.

Kohlhaas, Max (1952): „Das Kind im Gerichtsverfahren.“ In: Praxis der Kinderpsychologie und Kinderpsychiatrie. 3/1952, 83-88.

Köhnken, G. (1997): „Suggestive Prozesse in Zeugenbefragungen: Formen und theoretische Erklärungsansätze.“ In: Monatsschrift für Kriminologie und Strafrechtsreform. 80/1997, 290-299.

Köhnken, Günter (2001): „Methodik der Glaubwürdigkeitsbegutachtung.“ In: Fegert, Jörg M. (Hrsg.): Begutachtung sexuell missbrauchter Kinder. Fachliche Standards im juristischen Verfahren. Neuwied: Hermann Luchterhand Verlag GmbH, 29-51.

Köhnken, Günter (^{2}2003a): „Genauigkeit und Glaubwürdigkeit von Zeugenaussagen.“ In: Lempp, Reinhart; Gerd Schütze; Günter Köhnken (Hrsg.): Forensische Psychiatrie und Psychologie des Kindes- und Jugendalters. Darmstadt: Steinkopff Verlag, 341-367.

Köhnken, Günter (^{2}2003b): „Die Aussagefähigkeit kindlicher Zeugen.“ In: Lempp, Reinhart; Gerd Schütze; Günter Köhnken (Hrsg.): Forensische Psychiatrie und Psychologie des Kindes- und Jugendalters. Darmstadt: Steinkopff Verlag, 381-389.

Köhnken, Günter (^{2}2003c): „Suggestion und Suggestibilität.“ In: Lempp, Reinhart; Gerd Schütze; Günter Köhnken (Hrsg.): Forensische Psychiatrie und Psychologie des Kindes- und Jugendalters. Darmstadt: Steinkopff Verlag, 368-380.

Krauß, (o.V.) (1973): „Richter und Sachverständiger im Strafverfahren.“ In: Zeitschrift für die gesamte Strafrechtswissenschaft. 85/1973, 321-327.

Kühne, Adelheid (1988): Psychologie im Rechtswesen. Psychologie und psychodiagnostische Fragestellungen bei Gericht. Weinheim: Deutscher Studien Verlag.

Kühne, Adelheid (1990): „Die Überprüfung der Glaubhaftigkeit von Zeugenaussagen.“ In: Stein, Frank (Hrsg.): Brennpunkte der Polizeipsychologie. Stuttgart: Verlag für Angewandte Psychologie, 47-56.

Lempp, Reinhart; Gerd Schütze; Günter Köhnken (^{2}2003): „Praxis der psychiatrisch-psychologischen Begutachtung.“ In: Lempp, Reinhart;

Gerd Schütze; Günter Köhnken (Hrsg.): Forensische Psychiatrie und Psychologie des Kindes- und Jugendalters. Darmstadt, Steinkopff-Verlag, 6-20.

Lempp, Reinhart; Vera von Braunbehrens; Ernst Eichner [u. a.] (1987): Die Anhörung des Kindes gemäß § 50 FGG. Köln: Bundesanzeiger Verlags-Ges.mbH.

Liebel, Hermann; Werner von Uslar (1975): Forensische Psychologie - Eine Einführung. Stuttgart [u. a.]: Verlag W. Kohlhammer.

Littmann, E., H. Szewczyk (1983): „Zu einigen Kriterien und Ergebnissen forensisch - psychologischer Glaubwürdigkeitsbegutachtung von sexuell mißbrauchten Kindern und Jugendliche." In: Forensia. 4/1983, 55-72.

Löwe-Rosenberg (^{25}2001): Die Strafprozeßordnung und das Gerichtsverfassungsgesetz. Großkommentar. 4.Bd. (§§213-295). Peter Rieß (Hrsg.). Berlin [u. a.]: Walter de Gruyter

Michaelis, Elisabeth (1970/1): „Kinder verschiedener Altersstufen als Zeugen. Entwicklungspsychologie der Zeugeneignung." In: Bundeskriminalamt Wiesbaden (Hrsg.): Schriftenreihe des BKA. Psychologie der Kindervernehmung. Neu-Isenburg: Bundesdruckerei, 39-63.

Michaelis-Arntzen, Else (1997): „Zur Suggestibilität von Kleinkindern." In: Greuel, Luise; Thomas Fabian; Michael Stadler (Hrsg.): Psychologie der Zeugenaussage. Ergebnisse der rechtspsychologischen Forschung. Weinheim: Psychologie Verlags Union, 205-210.

Müller-Luckmann, Elisabeth (1961), [1995]: „Die psychologische Begutachtung der Glaubwürdigkeit insbesondere in Jugendschutzsachen." In: Blau, Günter; Elisabeth Müller-Luckmann (Hrsg.): Gerichtliche Psychologie. Aufgabe und Stellung des Psychologen in der Rechtspflege. Neuwied a.R. [u. a.]: Hermann Luchterhand Verlag GmbH, 130-147.

Müller-Luckmann, Elisabeth (1981): „Beurteilung der Glaubhaftigkeit von Zeugenaussagen." In: Schneider, Hans Joachim (Hrsg.): Die Psychologie des 20. Jahrhunderts. Auswirkungen auf die Kriminologie. Bd.14. Zürich: Kindler Verlag, 791-815.

Niebergall, G.; S.L. Sporer; A. Warnke (1997): „Zur Glaubwürdigkeit und zu weiteren psychologischen Problemen bei Zeugenaussagen junger Kinder im Strafermittlungsverfahren: Eine Fallstudie.“ In: Warnke, Andreas; Götz-Erik Trott; Helmut Remschmidt (Hrsg.): Forensische Kinder- und Jugendpsychiatrie. Ein Handbuch für Klinik und Praxis. Bern [u. a.]: Verlag Hans Huber, 173-191.

Offe, Susanne; Heinz Offe (1994): „Die Praxis der Glaubwürdigkeitsbegutachtung beim Verdacht des sexuellen Mißbrauchs.“ In: Rutschky, Katharina; Rainhart Wolff (Hrsg.): Handbuch Sexueller Mißbrauch. Hamburg: Ingrid Klien Verlag GmbH, 196-214.

Remschmidt, H. (1997): „Aufgaben und Rolle des Gutachters bei verschiedenen Begutachtungsfragen.“ In: Warnke, Andreas; Götz-Erik Trott; Helmut Remschmidt (Hrsg.): Forensische Kinder- und Jugendpsychiatrie. Ein Handbuch für Klinik und Praxis. Bern [u. a.]: Verlag Hans Huber, 20-32.

Schlothauer; Reinhold (1997): „Strafprozessuale Fragen der Glaubwürdigkeitsbegutachtung von Zeugen durch psychologische Sachverständige.“ In: Greuel, Luise; Thomas Fabian; Michael Stadler (Hrsg.): Psychologie der Zeugenaussage. Ergebnisse der rechts-psychologischen Forschung. Weinheim: Psychologie Verlags Union, 143-149.

Schnitker, A. (1993): „Die Zeugenfähigkeit und Glaubhaftigkeit bei Kindern.“ In: Kruse, K; M. Oehmichen (Hrsg.): Kindesmißhandlung und sexueller Mißbrauch. Lübeck: Verlag Schmidt-Römhild, 97-103.

Schröter, Gotthard (1994): In: Juristische Rundschau. 9/1994, 379-381.

Schumacher, Karl (1960): „Zur Psychologie der Zeugenaussage.“ In: Deutsche Richterzeitung. 9/1960, 286-291.

Steller, Max (1997): „Grundlagen und Methoden der Glaubwürdigkeitsbegutachtung bei Kinderaussagen über sexuellen Missbrauch.“ In: Warnke, Andreas; Götz-Erik Trott; Helmut Remschmidt (Hrsg.): Forensische Kinder- und Jugendpsychiatrie. Ein Handbuch für Klinik und Praxis. Bern [u. a.]: Verlag Hans Huber, 128-149.

Steller, Max; Renate Volbert (1997): „Glaubwürdigkeitsbegutachtung." In: Steller, Max; Renate Volbert (Hrsg.): Psychologie im Strafverfahren. Ein Handbuch. Bern [u. a.]: Verlag Hans Huber, 12-39.

Stern, William (1908): „Zur Psychologie der Kinderaussagen." In: Deutsche Juristen-Zeitung. 1/1908, 52-58.

Stern, William ([7]1952): Psychologie der frühen Kindheit. Bis zum sechsten Lebensjahr. Heidelberg: Quelle & Meyer.

Tröndle, Herbert (1969): „Der Sachverständigenbeweis." In: Juristenzeitung. 11-12/1969, 374-378.

Undeutsch, Udo (1967): „Beurteilung der Glaubhaftigkeit von Aussagen." In: Undeutsch, Udo (Hrsg.): Handbuch der Psychologie. Forensische Psychologie. Bd.11. Göttingen: Verlag für Psychologie Dr. C. J. Hogrefe, 26-181.

Undeutsch, Udo (1993): „Die aussagepsychologische Realitätsprüfung bei Behauptung sexuellen Missbrauchs." In: Kraheck-Brägelmann, Sibylle (Hrsg.): Die Professionalisierung der Vernehmung. Die Anhörung von Kindern als Opfer sexuellen Mißbrauchs. Bd.1. Rostock: Hanseatischer Fachverlag für Wirtschaft, 69-162.

Volbert, Renate (1999): „Determinanten der Aussagesuggestibilität bei Kindern." In: Experimentelle & klinische Hypnose. 15(1)/1999, 55-78.

Volbert, Renate (2003): „Suggestibilität." In: Kubinger, Klaus D.; Reinhold S. Jäger (Hrsg.): Schlüsselbegriffe der Psychologischen Diagnostik. Weinheim: Beltz Verlag, 395-398.

Volbert, Renate; Katja Erdmann (1996): „Kinder als Zeugen in Strafverfahren wegen sexuellen Mißbrauchs: Einstellungen und Erfahrungen von Richtern und Staatsanwälten." In: Monatsschrift für Kriminologie und Strafrechtsreform. 4/1996, 238-252.

Volbert, Renate; Max Steller (1998): „Aussagefähigkeit von Kindern." In: Kröber, Hans-Ludwig; Klaus-Peter Dahle (Hrsg.): Sexualstraftaten und Gewaltdelinquenz. Verlauf - Behandlung - Opferschutz. Heidelberg: Kriminalistik Verlag, 235-257.

Volbert, Renate; Max Steller (⁴2004): „Die Begutachtung der Glaubhaftigkeit.“ In: Foerster, Klaus (Hrsg.): Psychiatrische Begutachtung. Ein praktisches Handbuch für Ärzte und Juristen. München: Urban & Fischer Verlag, 693-728.

Volbert, Renate; Volker Pieters (1996): „Suggestive Beeinflussung von Kinderaussagen.“ In: Psychologische Rundschau. 47/1996, 183-198.

Wegener, Hermann (1981): Einführung in die Forensische Psychologie. Darmstadt: Wissenschaftliche Buchgesellschaft.

Rechtssprechung / Urteile/ Richtlinien

Entscheidungen des Bundesgerichtshofes in Strafsachen (1955): „Über die Zuziehung von Sachverständigen, wenn es sich um die Glaubwürdigkeit kindlicher Zeugen handelt.“ In: BGHSt. 7/1955, 82-86.

Entscheidungen des Bundesgerichtshofes in Strafsachen (1952): „Aufklärungspflicht bei Sittlichkeitsverbrechen gegen Kinder. Fortsetzungszusammenhang bei solchen Handlungen.“ In: BGHSt. 2/1952, 163-168.

Richtlinien für das Strafverfahren und das Bußgeldverfahren (RiStBV) vom 01.01.1977, letzte Änderung: 01.04.2005. In: Polizeifachhandbuch. Bd.1. Hilden: Verlag Deutsche Polizeiliteratur GmbH, 3-8.

Urteil des BGH v. 24.6.1952: „StPO § 244 Abs.4.“ In: Neue Juristische Wochenschrift. 22/23 / 1952, 899.

Urteil des BGH v. 3.6.1981: „Glaubwürdigkeit kindlicher Zeugen.“ In: Neue Zeitschrift für Strafrecht. 10/1981, 400.

Urteil des OLG Zweibrücken v. 25.11.1994: „Beweiswert kindlicher Zeugenaussagen; Glaubwürdigkeitsgutachten.“ In: Strafverteidiger. 6/1995, 293.

Schriften zur Empirischen Polizeiforschung

herausgegeben von H. Groß, H.-J. Asmus, M. Bornewasser, B. Frevel, K. Liebl, T. Ohlemacher & P. Schmidt

Fehler und Lernkultur in der Polizei
299 Seiten • 19,90 € • ISBN 3-935979-45-2

Innen und Außensicht(en) der Polizei
253 Seiten • 19,90 € • ISBN 3-935979-49-5

Kommunale Kriminalprävention
132 Seiten • 15,90 € • ISBN 3-935979-56-8

Evaluation und Polizei
197 Seiten • 16,90 € • ISBN 3-935979-83-5

Schriftenreihe der Thüringer Fachhochschule für öffentliche Verwaltung, Fachbereich Polizei

Analyse eines Erpresserschreibens
44 Seiten • 8,90 € • ISBN 3-935979-43-6

Überbringung einer Todesnachricht
58 Seiten • 8,90 € • ISBN 3-935979-52-5

Aids – Eine juristische Positionsbestimmung
60 Seiten • 8,90 € • ISBN 3-935979-57-6

Die Anhörung von kindlichen Opfern sexueller Gewalt aus psychotraumatologischer Sicht
117 Seiten • 9,90 € • ISBN 3-935979-76-2

Interdisziplinäre Polizeiforschung

Schriftenreihe des Instituts für Polizei- und Sicherheitsforschung (IPoS) der HfÖV Bremen

Kinderpornografie
104 Seiten • 20,- € • ISBN 3-935979-27-4

Polizeiwissenschaftliche Analysen

Schriftenreihe der Verwaltungsfachhochschule in Wiesbaden

Freiwilliger Polizeidienst in Hessen
93 Seiten • 20,- € • ISBN 3-935979-08-8

Kriminologische Spuren in Hessen
353 Seiten • 29,- € • ISBN 3-935979-16-9

DNA-Massentests im Strafverfahren
267 Seiten • 25,- € • ISBN 3-935979-23-1

Armuts kriminalität - Arme(n)kriminalität
125 Seiten • 16,90 € • ISBN 3-935979-51-7

Kreuzfahrt in die Krise
242 Seiten • 24,90 € • ISBN 3-935979-53-3

Der Freiwillige Polizeidienst in Baden-Württemberg
288 Seiten • 24,90 € • ISBN 3-935979-67-3

Arbeiten der Preisträger des Fachbereichs Polizei der Heinrich-Mörtl-Stiftung
198 Seiten • 20,- € • ISBN 3-935979-68-1

Festschrift zum 25-jährigen Bestehen der Verwaltungsfachhochschule in Wiesbaden
406 Seiten • 24,90 € • ISBN 3-935979-72-X

Schriftenreihe Polizei & Wissenschaft

Erhebung und Beurteilung von Tatverdächtigenaussagen (ISBN 3-935979-90-8)
Die Klassifikation von Brandstraftätern (ISBN 3-935979-87-8)
Die Polizei zwischen Stabilität und Veränderung (ISBN 3-935979-85-1)
Sexualdelinquenz und Falschbezichtigung (ISBN 3-935979-82-7)
Polizei und kommunale Kriminalprävention (ISBN 3-935979-79-7)
Police Patrol Work in the Netherlands (ISBN 3-935979-74-6)
„Anders sein“ bei der Polizei in Deutschland (ISBN 3-935979-66-5)
Professionelle Führung in der Polizei (ISBN 3-935979-64-9)
Wirkungen & Akzeptanz polizeilicher Verkehrsüberwachung (ISBN 3-935979-78-9)
Täterverhalten und Persönlichkeit (ISBN 3-935979-63-0)
Gewalt im sozialen Nahraum II (ISBN 3-935979-65-7)
Die unbeabsichtigte Schussabgabe bei Polizeikräften (ISBN 3-935979-59-2)
Modernes Management in der deutschen Polizei (ISBN 3-935979-37-1)
„Eine digitale Streifenfahrt...“ (ISBN 3-935979-50-9)
Abgesichert sein und gutes Geld verdienen (ISBN 3-935979-48-7)
Gewalt im sozialen Nahraum I (ISBN 3-935979-44-4)
Bundeswehr und innere Sicherheit (ISBN 3-935979-11-8)
Methoden polizeilicher Berufsethik (ISBN 3-935979-18-5)
Polizeibeamte und psychisch Kranke (ISBN 3-935979-15-0)
Amok (ISBN 3-935979-06-1)
Prognose von Täterverhalten bei Geiselnahmen (ISBN 3-935979-05-3)
Polizei & Psychologie (ISBN 3-935979-12-6)
Spezielle Spurensicherungsmethoden (ISBN 3-935979-02-9)
Stress im Polizeiberuf (ISBN 3-935979-03-7)
Täterprofilerstellung (ISBN 3-935979-01-0)
Eigensicherung & Schusswaffeneinsatz bei der Polizei (ISBN 3-935979-09-6)
Die Öffentliche Sicherheit auf dem Prüfstand (ISBN 3-935979-07-X)
Das Wiedererkennen von Gesichtern (ISBN 3-935979-17-7)
Schusswaffeneinsatz bei der Polizei (ISBN 3-935979-00-2)
Bindungsstile bei Sexualstraftätern (ISBN 3-935979-04-5)
Sexuelle Belästigung am Telefon (ISBN 3-935979-28-2)
Qualitätsmanagement bei der Polizei (ISBN 3-935979-26-6)
Zivilcourage (ISBN 3-935979-33-9)
Polizeiliche Überwachungsmaßnahmen in den USA (ISBN 3-935979-35-5)
Politische Bildung in der Polizei (ISBN 3-935979-19-3)
Das Betreuungskonzept für Polizeibeamte der Landespolizei S-H (ISBN 3-935979-32-0)